LIANELLA LIVALDI LAUN

Lilith
Die Begegnung mit dem Schmerz

AF208344

LIANELLA LIVALDI LAUN

Lilith

Die Begegnung
mit dem Schmerz

*Die Astrologie
des
schwarzen Mondes*

CHIRON VERLAG

Aus dem Italienischen von Christine Ableidiger-Günther

ISBN 978-3-925100-15-4

Deutsche Erstausgabe
4. Auflage 2007
© Chiron Verlag, 1994

Umschlag: Walter Schneider unter Verwendung des Bildes
»Das Abendkleid« von René Magritte
© VG Bild-Kunst Bonn, 1993
Druck Finidr, Český Těšin

Voor Swantje

Zu beziehen durch den Buchhandel oder direkt beim
Chiron Verlag, Postfach 1250, D-72002 Tübingen

*Der Mond, so wie man normalerweise
von ihm spricht, ist ein Spiegel für das Sonnenlicht.
Lilith, der Schwarze Mond, ist die Frau, welche,
anstatt sich in diesem Spiegel zu betrachten,
durch ihn hindurchtritt.*

(Sandro Lanza)

Für meinen Mann Gottfried
und meinen Sohn Tobias

Inhalt

Die mythologische Bedeutung Liliths

… und Gott schuf Lilith, die erste Frau, so wie er Adam geschaffen hatte. Statt reinen Staubes aber nahm er nur Schmutz und Abfall. Aus der Vereinigung mit Adam gingen Asmodeo und unzählige andere Dämonen hervor, die noch heute eine Plage für die Menschheit sind. Man erzählt jedoch, daß Adam und Lilith nicht in Frieden miteinander leben konnten, weil Lilith über die ihr im Beischlaf auferlegte Stellung erzürnt war, denn sie mußte unter Adam liegen. Auf sein Verlangen hin antwortete sie zornig: »Warum soll ich unter dir zu liegen kommen? Ich bin genauso aus Staub geschaffen wie du und dir ebenbürtig.«

So kam es, daß Adam sie mit Gewalt unterwerfen wollte. Nach einiger Zeit wurde ihr bewußt, daß er sie niemals gleichrangig behandeln würde. In ihrer Verzweiflung rief Lilith den unausprechlichen Namen Gottes und flog durch die Luft davon. Adam flehte zu Gott, er möge die Rebellin wiederfinden und zu ihm zurückbringen. So schickte Gottvater also drei Engel aus, die nach ihr suchen sollten. Diese fanden Lilith in der Nähe des Roten Meeres, wo sie inzwischen die Braut der dort lebenden Dämonen geworden war. Sie beging unreine Handlungen mit ihnen und empfing täglich unzählige dämonische Kinder (Lilim).

Die Engel überbrachten ihr die Warnung Gottes, daß täglich hundert ihrer Kinder sterben müßten, falls sie nicht zurückkehren würde. Sie weigerte sich jedoch. »Wie kann ich nach diesem Aufenthalt hier jemals zu Adam zurückkehren und als seine ehrbare Frau leben?« antwortete Lilith den Engeln. Sie zog es vor zu bleiben und wurde selbst zum bösen Dämon. Auf die Ausrottung ihrer Kinder reagierte Lilith, indem sie die Neugeborenen erwürgte und die werdenden Mütter unter der Geburt sterben ließ. Die Männer verführte sie im Schlaf oder erwartete sie als Dirne verkleidet an einer Kreuzung. Sofort nach dem Beischlaf ermordete sie die Verführten oder ließ sie verrückt werden. Inzwischen nahm Gott im Garten Eden eine Rippe von Adam und schuf Eva als dessen neue Gefährtin.

Das weibliche Geschlecht wird aber nicht nur im Mythos von Lilith als widerspenstig und rebellisch dargestellt, sondern auch in dem von Eva. Adams Idylle mit Eva sollte nicht lange anhalten, da sie ihm nur scheinbar gehorsam und treu ergeben ist. Sobald sich ihr eine Gelegenheit bietet, mißachtet sie Gottes Gebote und nimmt die verbotene Frucht von der Schlange an. Die Legende überliefert ferner, daß es sich bei der Schlange ebenfalls um Lilith handle, welche in dieser Gestalt ins Paradies zurückgekehrt sei, um sich zu rächen.

Schon in den ältesten patriarchalischen Kulturen finden wir die Gestalt der furchtbaren Frau und der göttlichen Dirne, die für alles Böse der Welt verantwortlich ist. Aus ihrem Beischlaf entstehen böse Geister, die Übel und Zwietracht über die Erde bringen. Die jungianische Psychoanalytikerin Maria Teresa Colonna erklärt dies in ihrem Buch *Lilith, La Luna Nera e l'eros rifiutato* so:

In allen patriarchalischen Religionen sucht man einen Sündenbock für das Scheitern der Beziehung zwischen Mensch und Gott. Die Verantwortung für alles Unglück in der Schöpfung wird dabei einer Frau aufgeladen; wir finden dieses Thema auch im griechischen Mythos von Pandora: sie war die erste Frau, die Zeus als Plage der Menschheit erschaffen ließ. Hephaistos modellierte sie in dessen Auftrag aus Schlamm und Wasser, und sie war an Schönheit den Göttinnen des Olymp gleich. Hermes verlieh ihr die Eigenschaften der Untreue und Lügenhaftigkeit. Zeus sandte sie mit einer Büchse als Geschenk zum Titanen

Epimetheus, dem Bruder des Prometheus, der den Göttern das Feuer geraubt und es den Menschen geschenkt hatte. Mit seiner Gabe wollte Zeus sich für die Demütigung durch Prometheus rächen. Die beiden Titanenbrüder fürchteten seine Rache und beschlossen, das Geschenk niemals anzunehmen. Epimetheus nahm Pandora zur Frau, und diese öffnete die Büchse schließlich aus Neugier: alle Übel, die die Menschheit geißeln, entwichen daraus – Krankheit, Tod, Wahnsinn usw.[1]

Die Gestalt Liliths steht ferner auch in Verbindung zu den Sirenen, welche die Matrosen mit ihren Gesängen verzauberten, um sie schließlich in den Tod oder zum Wahnsinn zu treiben.[2] Interessanterweise waren die Sirenen nicht immer Frauen mit Fischschuppen und Flossen: in älteren Versionen waren diese Wesen halb Frau, halb Vogel, deren Beine in Krallen endeten. Es heißt, sie wären früher die Freundinnen Persephones gewesen. Nachdem das Mädchen entführt worden war, baten sie die Götter, in Vögel verwandelt zu werden, auf daß sie hoch aus der Luft nach ihrer verlorenen Gefährtin suchen könnten. Gemäß einer anderen Version der Sage war es hingegen die erzürnte Demeter, welche sie aus Rache in Zwitterwesen verwandelte, weil die Mädchen nicht imstande gewesen waren, ihrer Tochter Persephone zu helfen und tatenlos zugesehen hatten, wie Hades sie entführte. Demeter verwandelte sie also in Vogelfrauen, und erst später wurden sie zu Fischwesen.

Im einzigen erhaltenen Halbrelief assyrischer Herkunft wird Lilith übrigens ähnlich dargestellt, nämlich bis zu den Knien als Frauengestalt, während ihre Waden als Vogelbeine mit Krallen versehen sind. An den Schultern trägt sie Flügel.

Die griechische Mythologie kennt darüberhinaus noch andere Figuren, die an Lilith erinnern: zum Beispiel Empuse, ein ganz in eine blutige Blase gehülltes Schreckgespenst, die zudem

---

1 Maria Teresa Colonna. *Lilith, la Luna nera e l'eros rifiutata*, (Firenze: Edizioni Del Riccio, 1980) p. 27.

2 Immacolata Macioli, »Le incautatrici del mare.« in: *Astrodonna*, November 1992, p. 42.

ihre Gestalt zu ändern vermochte. Empuse verwandelte sich oft in eine Hündin, eine Kuh oder ein schönes Mädchen und in letzter Gestalt pflegte sie bei Nacht das Lager der Männer zu teilen und ihnen ihre Lebenskräfte auszusaugen.

Die Lamien waren dämonische Geschöpfe, die sich gewaltsam in die Träume der Menschen drängten, ihnen Alpdrücken verursachten und sich von ihrem Fleisch und Blut ernährten. In den griechischen Halbreliefs wurden sie nackt dargestellt, während sie auf schlafenden Männern ritten. Damals soll diese Stellung beim Geschlechtsverkehr für Prostituierte typisch gewesen sein. Ihre Königin Lamia ereilte ein ähnliches Schicksal wie Lilith. Sie war eine wunderschöne Prinzessin und Zeus verliebte sich in sie. Dessen Gattin Hera war jedoch eifersüchtig auf Lamias Schönheit und ließ zur Strafe alle Kinder umbringen, die Lamia von Zeus empfangen hatte. Lediglich das Meeresungeheuer Skylla überlebte. Aus Schmerz über den Tod ihrer Kinder wurde Lamia wahnsinnig und tötete in Rachsucht die Neugeborenen anderer Frauen. Sie gebärdete sich so grausam, daß sich ihr Antlitz zu einer furchtbaren Todesmaske verzerrte.

In den Mythen Indiens begegnen wir einer anderen erschreckenden Gestalt: der düsteren und rätselhaften Göttin Kali. Sie versetzte die Seelen der Sterblichen in Angst und Schrecken; auf dem Wege zur Transformation mußten ihre Anhänger in den Mysterien fürchterliche und blutige Todesvisionen erleben: Sie hat ein schreckliches Antlitz und wird von Shiva umfangen gehalten, wenn sie nicht in sexuell eindeutiger Weise auf ihm reitet:

in ihr spiegelt sich die frenetische, vernunftlose Natur...auf der Brust trägt sie eine Girlande aus Totenköpfen, um die Hüften einen Gürtel aus abgehackten Händen, unter ihr windet sich die Schlange, ihre Haare sind zerzaust, auf ihrer Stirn ist der Mond zu sehen.[3]

3   A. Guiducci. *All'ombra di ali*, (Milano: Rizzoli, 1979) zitiert nach Maria Teresa Colonna p. 85.

Für die astrologische Bedeutung des Schwarzen Mondes ist es wichtig festzuhalten, daß weder Lilith noch Lamia von Anfang an bösartig waren, sondern daß sie sich erst aus Wut und Schmerz dazu entwickelten. Beide wurden ihrer Kinder beraubt. Lilith wurde aus dem Paradies vertrieben und in eine Welt voller Schmerz und Leid gestoßen. Dadurch veränderte sich ihre Persönlichkeit und sie weihte sich ganz dem Bösen.

Im Geburtshoroskop konfrontiert uns Lilith mit dem Schmerz und sie will uns dazu bewegen, diesen anzunehmen. Wir neigen alle dazu, dem Leiden auszuweichen und wollen es nur ungern akzeptieren. Befinden wir uns in schmerzlichen Situationen, so erleiden wir sie und fühlen uns als Opfer der Umstände. Lilith führt uns jedoch durch die Begegnung mit dem Schmerz zu Selbsterkenntnis und innerem Wachstum.

Auch Eva, die zweite Frau Adams, mußte Ablehnung und Leiden erfahren. Nachdem sie vom Baum der Erkenntnis gegessen hatte, gingen ihr die Augen auf, sie mußte mitansehen, wie das Leben wirklich war, und wie weit entfernt vom Paradies es lag, in welchem sie bis dahin glücklich und unwissend gelebt hatte. Mit ihr und durch sie wurde auch Adam gezwungen, das Paradies der Illusionen zu verlassen. Gott sprach voller Zorn über den Ungehorsam zu ihnen: »Du, Mann, wirst arbeiten im Schweiße deines Angesichts, und Du, Frau, wirst unter Schmerzen gebären!« Von diesem Augenblick an mußten beide das Leben mit seinen Schmerzen und Entbehrungen, aber auch mit seinen menschlichen Freuden auf sich nehmen.

In beiden Mythen begegnen uns Ungehorsam und Verstoßung als Leitmotiv, beide Frauen handeln als Individuen und erscheinen uns sehr menschlich mit all ihren Zweifeln, ihrem Wissensdurst, ihrer Eigenwilligkeit und ihrer Unvollkommenheit; sie waren nicht für ein glückliches Leben in paradiesischer Unwissenheit prädestiniert. In beiden Fällen zeigt die Vertreibung aus dem Garten Eden, daß die Menschen nicht dafür geschaffen sind, dort in einem ständigen Glückszustand unter Engeln zu leben, sondern daß sie die Prüfungen des irdischen

Lebens bestehen müssen. Aus dem Zusammenleben Adams und Evas ging Kain hervor, und mit ihm entsprang Neid, Verbrechen, Lüge und Reue. Den Müttern, die ihre Kinder durch den Tod verloren, brachte Liliths Aufenthalt auf Erden Trauer und Schmerz, so wie auch Lilith selbst gelitten hatte, als sie täglich hundert ihrer Kinder sterben sah.

Zu dieser Problematik möchte ich die Schlußworte aus dem Buch von Maria Teresa Colonna zitieren:

Auf der anderen Seite steht das Leid auch immer in Verbindung mit Neubeginn und Verwandlung, also mit der psychischen Struktur des Bewußtseins. Aus dem Gesagten wird immer deutlicher, daß wir alle das erleben müssen, was Bataille die »innere Erfahrung« nennt, die der Notwendigkeit entspricht, alles in Frage zu stellen, und in der ein klares Bewußtsein des Dunkels zum Ort der inneren Erfahrung wird. Die Erfahrung Liliths weist uns hin auf die Wichtigkeit der Grenzerfahrung; wer einen Weg sucht, für den gibt es keinen Ausweg, die Begegnung mit bestimmten Schatten führt uns zu Horror und zur Panik eines Abstiegs in die Tiefe. Das Paradoxon besteht darin, daß es nie einen einzigen, sondern immer nur einen individuellen Pfad gibt und daß die Bedeutung des Lichts im Grunde eine ganz persönliche Entdeckung ist, denn jeder wird immer nur das entdecken, wozu er aufgrund seiner sowohl psychologischen als auch kulturellen Voraussetzungen imstande ist. Ich möchte noch die Worte eines alten Alchimisten hinzufügen: »diese wahre Philosophie wird euch lehren, euch selbst zu erkennen, und wenn ihr euch selbst wirklich erkannt habt, werdet ihr auch die reine Natur erkennen; die reine Natur ist eure wahre Selbstheit, euer wahres Wesen, befreit von aller bösen und sündigen Selbstheit, und so werdet ihr auch Gott erkennen, denn das Göttliche ist in der reinen Natur verborgen und enthalten wie der Nußkern in seiner Schale«.[4]

4 Maria Teresa Colonna: *Lilith, La Luna Nera e l'Eros rifiutato*, (Firenze: Edizioni del Riccio, 1980) p. 97.

Dieses Zitat hat mich lange beschäftigt und mir schließlich geholfen, das wahre Wesen Liliths in der Astrologie zu verstehen. Früher war es mir unbegreiflich gewesen, den Schwarzen Mond immer im Zusammenhang mit sehr schmerzlichen Momenten des menschlichen Lebens vorzufinden. Ich konnte mir dies nicht erklären, denn alle anderen Planeten haben in der Astrologie sowohl eine dunkle als auch eine kreative Seite. Ich fragte mich also, warum in den meisten von mir untersuchten Fällen der Schwarze Mond nur negativen Einfluß ausüben sollte. Schließlich begriff ich, daß Lilith nicht unheilbringend, sondern einfach menschlich ist: Schmerz, Tod und Trauer gehören zu unserer irdischen Existenz. Wir fürchten diese Erfahrungen jedoch zu sehr und wehren sie deshalb ab. Der Schwarze Mond in der Astrologie konfrontiert uns mit den Grenzsituationen und Schattenseiten unseres Daseins und zwingt uns dazu, daß wir uns ihnen stellen. Oft läßt Lilith uns ebenso verzweifeln, wie auch sie selbst verzweifelt war, als sie den Garten Eden verlassen und unter den Dämonen leben mußte.

Außerdem zeigt Lilith uns auch die ungezähmtesten Seiten unserer Sexualität, die ungebändigte Libido und den reinen Sexualinstinkt. In den patriarchalischen Kulturen wurde die Frau immer mit Leidenschaft und Sinnlichkeit assoziiert, was zugleich immer als negative Eigenschaft angesehen wurde. Im *Malleus Maleficarum* des Mittelalters von Heinrich Institoris und Jakob Sprenger aus dem Jahre 1489, einem Manifest der Inquisition kann man lesen:

Da die Frauen schwach sind in der Seele und im Leib, ist es nicht verwunderlich, daß sie dem Zauber der Hexerei leichter erliegen als die Männer...die Frau ist sinnlicher als der Mann, und alle Hexerei hat ihren Ursprung in der Unzucht, in der die Frau unersättlich ist.[5]

Der Lilith-Mythos wurde aus der Bibel verbannt, er wird nur

5   Roberto Sicuteri. *Lilith, la Luna Nera*, (Rom: Astrolabio, 1980) p. 97.

an einer einzigen Stelle erwähnt, nämlich bei Isaias 34,14. Dieser Mythos erinnerte zu sehr an die sexuelle Natur des Menschen und er hätte ein unerwünschtes Frauenbild modelliert, das die Gleichheit der Geschlechter gefordert hätte. Ebenso wurde auch der Gott Pan ausgeschlossen, jener fröhliche, sinnenfreudige und instinkthafte Faun, der in der christlichen Überlieferung zum Teufel umgewandelt wurde. In der jüdischen Religion wurde Lilith vernachlässigt, konnte aber in den Köpfen der Menschen als Mythos weiter gedeihen: das Geschöpf der Nacht – furchtbar und rachsüchtig. An die Türen der Häuser, hinter denen Neugeborene schliefen, hängte man ein Medaillon mit der Inschrift:

»Adam, Eva, hinweg Lilith!« (diese Worten dienten als Exorzismus für Lilith und sollten sie fernhalten). Die slawischen Juden schreiben dies auch bis heute mit Kohle an die Wand des Zimmers, in dem eine Wöchnerin mit ihrem neugeborenen Kind ruht.

Noch im Mittelalter pflegten die Juden alle Haustüren acht Tage lang zu verschließen, wenn ein Sohn geboren wurde. In dieser Zeit durfte niemand das Haus betreten. Nach Ablauf der Frist versammelten sich die Verwandten um das Wochenbett und lasen stundenlang aus der Bibel. Danach beschrieb der Vater mit der Schwertspitze einen symbolischen Kreis um das Bett der Mutter und das ihres Kindes. Daß sich diese Riten bei manchen gläubigen Familien in den kleinen Dörfern Polens, Rußlands und im arabischen Raum bis heute erhalten haben, deutet darauf hin, daß Lilith für diese Menschen nicht nur ein Mythos, sondern in ihrem Alltag lebendig ist.

Unter den Völkern der Antike war es üblich, ein Amulett zu tragen, das vor Liliths drohender Anwesenheit schützen sollte. Doch Lilith und Pan sind in jedem von uns gegenwärtig, sie leben in unseren geheimsten und gefürchtetsten Phantasien; schon von altersher wecken sie in uns ekstatische und beunruhigende Bilder. Je stärker Eros und Sinnlichkeit unterdrückt werden, umso mehr gewinnen diese Gestalten an Realität – denken wir nur an die Visionen der Heiligen und Asketen, in denen diese von schamlosen Frauengestalten heimgesucht wurden, die sie zur Sünde verleiten und somit in die ewige Verdammnis locken wollten. Diese Frauengestalten entstanden aus der instinktiven Seite der Persönlichkeit, die eine Bedrohung für die religiöse Sublimierung darstellt. In den Visionen der heiligen Frauen, z.B. Teresa von Avila und Katherina von Siena war es der Dämon (Pan), der drohte, ihre Reinheit zu beflecken.

Der jungianische Psychoanalytiker und Astrologe Roberto Sicuteri hat in seinem Buch *Lilith, la Luna Nera* ein Kapitel den Träumen und Alpträumen gewidmet. Darin berichtet er, daß den Traumerlebnissen zur Zeit der Hexenverfolgung eine gemeinsame Struktur zugrunde lag. Sicuteri zitiert Traumbeschreibungen aus jener Epoche, und in fast allen Erzählungen findet man die gleichen Bilder:

Eine schöne, sinnliche und wollüstige Frau überwältigt mich in meinem Bett und dringt in mich ein. Ich spüre Grauen und Angst, weil sich in ihr eine große Gefahr für meine Seele verbirgt. Doch meine Kräfte verlassen mich; dieser heiße, wilde Leib bemächtigt sich meiner, legt sich über mich, so daß ich keiner Bewegung mehr fähig bin: sie erdrückt mich mit ihrem Gewicht. Ich schreie, doch meine Stimme versagt; ich weine und flehe, jedoch vergebens.[6]

Trotz Verdrängung ist dieser Mythos auch heute noch in der Psyche des modernen Menschen spürbar vorhanden. Dies zeigen auch die beiden folgenden Beispiele: Einer meiner Klienten mit dem Schwarzen Mond in Konjunktion zur Sonne und in Opposition zum Mond erzählte von einem immer wiederkehrenden Traum, in dem er eine ihn beunruhigende Gestalt am gegenüberliegenden Flußufer beobachtet – eine schöne Frau, in schwarze Schleier gehüllt, die von dem verlassenen Strand aus ihren Blick auf ihn richtet.

6 Roberto Sicuteri. *Lilith, la Luna Nera*, (Rom: Astrolabio, 1980) p. 143.

Siegmund Hurwitz, ein Schüler von Marie-Louise von Franz am jungianischen Institut in Zürich, der sich mit hebräischer Mystik beschäftigt und selbst Psychotherapeut ist, berichtet in seinem Buch *Lilith, die erste Eva*, daß ein etwa 40jähriger jüdischer Patient ungefähr zwei Jahre nach dem Beginn der Therapie, als in den Sitzungen das Problem des Schattens bearbeitet wurde, einen sehr bedeutungsvollen Traum hatte:

Ich liege nachts mit geschlossenen Augen, aber wach in meinem Bett. Da schwebt durch das geschlossene Fenster eine wunderschöne, weibliche Gestalt herein und bleibt an meiner linken Seite stehen. Sie schaut mich mit ernstem Blick an, aber sie spricht kein Wort. Ihr Oberkörper ist nackt, ihre Brüste sind sehr betont. Ihre Hautfarbe ist tiefschwarz. Sie hat große, dunkle Augen und ihr schwarzes Haar flattert aufgelöst und wild hinter ihrem Rücken. Am Rücken trägt sie zwei Flügel. Die Frau wirkte sehr attraktiv und verführerisch. Ich bin von ihr fasziniert, zugleich aber habe ich Angst vor ihr und wage nicht sie anzusprechen.[7]

Nach dem Erwachen brachte er die Gestalt sofort mit Lilith in Verbindung, und zwei Sätze standen vor seinem geistigen Auge: »Schwarz bin ich, aber schön« und »Dies ist die Dirne Lilith«.

Im Mittelalter trat in unserem Kulturraum die Figur der alten, häßlichen und wollüstigen Hexe an die Stelle der schönen und verführerischen Lilith. Aber die Hexengestalt lebte in den Frauen, und zwar nicht nur in alten Weibern. Sie führten einen anderen Lebenswandel als es die gängigen Moralvorstellungen vorsahen. Oft waren es weise Frauen, die viel über die Natur und die Pflanzen wußten und mit ihrem Wissen Krankheiten zu heilen verstanden. Manche waren unverheiratet, lebten alleine und gingen frei mit ihrer Sexualität um. Sie waren nicht bösartig, wurden aber wegen ihrer Andersartigkeit verfolgt. Aus Verzweiflung oder unter dem Druck dieses kollektiven Wahns

7 Siegmund Hurwitz. *Lilith die erste Eva*, (Zürich: Daimon Verlag, 1980) p. 117f.

identifizierten sich später viele von ihnen mit den Hexengestalten und wurden tatsächlich dazu. Auch den Hexen des Mittelalters sagte man nach, sie würden ungetaufte Kinder rauben, um sie zu fressen oder ihre Glieder in Zaubertränken zu kochen.

In Italien existiert in entlegenen Dörfern auf dem Lande noch heute der Volksglaube, daß eine Frau, für die ein Mann völlig den Kopf verloren hat und der er sexuell hörig ist, ihn auf Anraten einer Hexe verzaubert habe, indem sie zwei Tropfen ihres Menstruationsbluts in seinen Kaffee getan habe. Dieser Glaube stammt noch aus dem Mittelalter, aus der Zeit der Hexenverfolgung.

Lilith in der Kunst

Lilith, diese düstere und furchterregende Frauenfigur, besitzt auch schöpferische Kräfte, und kann auf künstlerischem Niveau beachtliche Energien freisetzen. Künstler jeglicher Couleur aus den verschiedensten Epochen ließen sich von ihr beeinflussen. In der männlichen Kunst begegnet sie uns beispielsweise bei als Lola in Heinrich Manns *Der Blaue Engel*, als Anne im Buch *Das Verhängnis* von Josephine Hart, in den grotesken und lasziven Dirnen des Malers Otto Dix (Lilith Konjunktion AC), in Alban Bergs (Lilith Konjunktion Mond) Oper *Lulu*, in Stephen Kings (Lilith Opposition Mars) Roman *She* und ebenso in der Dichtung Baudelaires oder den Werken der anderen »verdammten« Poeten.

Als Ausdruck schöpferischer Kraft und als inspirierende Muse finden wir Lilith im Geburtsbild Goethes: in Konjunktion zur Sonne im zehnten Haus, in Opposition zum Mond und im Trigon zu Mars. Der *Faust* ist das größte und aufwühlendste Werk des bedeutenden Dichters. Dort treffen wir im Sabbat-Kapitel auf die Verführerin: »Betrachte sie genau! Lilith ist das«, antwortet Mephisto auf die Frage Fausts nach einer der Hexen. »Adams erste Frau. Nimm dich in Acht vor ihren schönen Haaren, vor diesem Schmuck, mit dem sie einzig prangt. Wenn sie damit den jungen Mann erlangt, so läßt sie ihn so bald nicht wieder fahren«.

Mozarts Horoskop zeigt Lilith im Quadrat zu Venus. Die Königin der Nacht aus der *Zauberflöte*, die gegen Sarastro

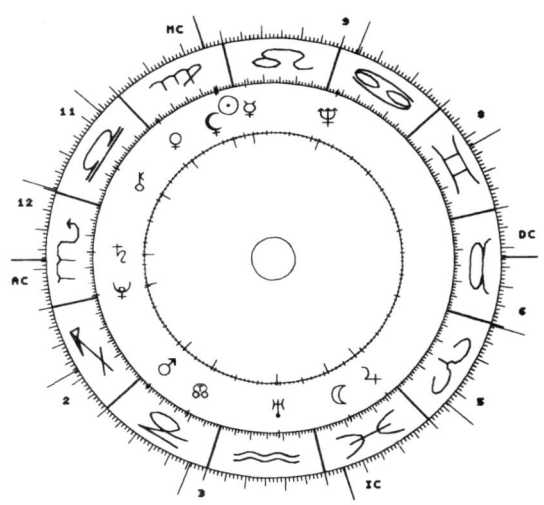

Abb. 1: Johann Wolfgang v. Goethe

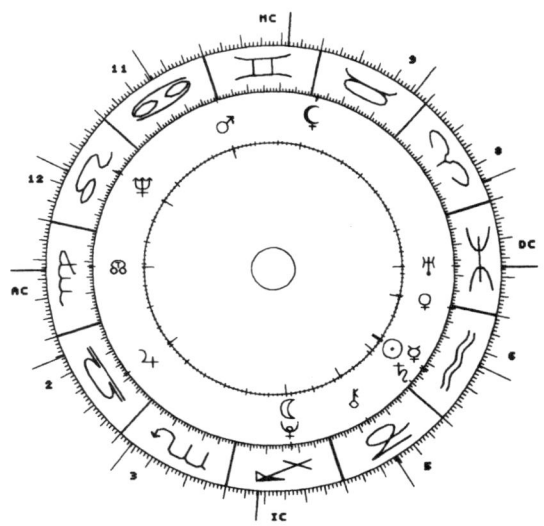

Abb. 2: Wolfgang Amadeus Mozart

21

kämpft, verkörpert den Schwarzen Mond im Horoskop des Komponisten. Der Krieg zwischen der Königin der Nacht und dem Sonnenpriester steht für den Kampf zwischen Patriarchat und Matriarchat, der im Horoskop Mozarts aus der Konjunktion Sonne-Saturn im fünften Haus, der Pluto/Mond-Konjunktion im vierten Haus und dem Quadrat Lilith-Venus ersichtlich ist. »Tod und Verzweiflung flammet um mich her! Fühlt nicht durch dich Sarastro Todesschmerzen, so bist du meine Tochter nimmermehr! Verstoßen sei auf ewig, verlassen sei auf ewig, zertrümmert sei auf ewig alle Bande der Natur – wenn nicht durch dich Sarastro wird erblassen! Hört, Rachegötter! Hört der Mutter Schwur!«

Im Geburtsthema von Vincenzo Bellini steht Lilith 120° vom Merkur entfernt. In seiner *Norma* beschließt die Hauptfigur, ihre Kinder zu töten und sich damit für die Untreue des Vaters zu rächen (ähnlich wie im Mythos von Medea). Norma: »Sie schlafen alle beide, sie werden die Hand nicht sehen, die sie erschlägt. Zögre nicht, oh Herz: sie dürfen nicht am Leben bleiben, hier ist das Elend ihr Los, und in Rom die Schande, ein noch ärgeres Elend: Sklaven der Stiefmutter – oh nein – niemals. Ja, sie müssen sterben. Ich kann nicht näher treten: mein Blut gerinnt, und mir sträuben sich die Haare. Soll ich meine eigenen Kinder töten? Diese teuren, geliebten Kinder, eben noch mein ganzes Glück, in deren Lächeln ich vermeinte, die Verzeihung des Himmels zu erblicken. Und ich soll ihr Blut vergießen? Was haben sie verbrochen? Sie sind Polliones Söhne: Das ist ihr Verbrechen. Durch mich müssen sie sterben; so seien sie auch für ihn tot, und kein Schmerz komme dem seinen gleich. Stoß zu!«

Im Geburtsbild von Giacomo Puccini befindet sich Lilith in Konjunktion zum Merkur. Seine Oper *Turandot* handelt von der Prinzessin mit dem eiskalten Herzen, die jene Prinzen zum Tode verurteilte, die nicht imstande waren, ihre drei Rätsel zu lösen. Turandot: »Fremdling! Versuche nicht das Glück! Drei sind die Rätsel, einer ist der Tod!«

Ebenfalls im Kontakt zu Merkur steht der Schwarze Mond

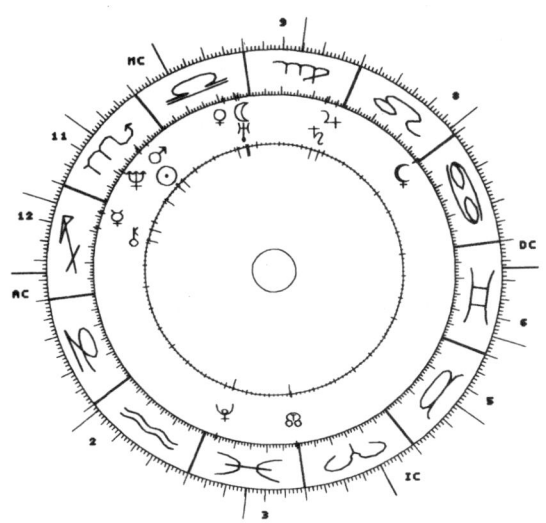

Abb. 3: Vincenzo Bellini

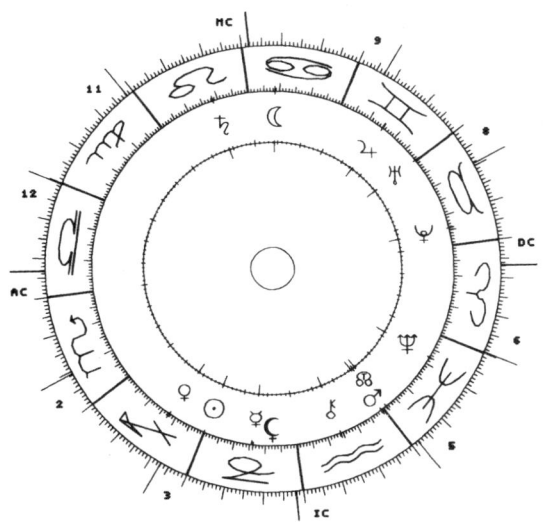

Abb. 4: Giacomo Puccini

23

bei Richard Strauss (Quadrat). Die Hauptfigur seiner Oper *Salomé* ist biblischen Ursprungs und kann auch mit Lilith in Verbindung gebracht werden. Es scheint mir erwähnenswert, daß der Künstler die Oper zu einer Zeit komponierte, als der transitierende Schwarze Mond sich im Quadrat zur Geburtssonne und zur Himmelsmitte befand (1904/05). Seine Kunst stand damals also deutlich unter dem Einfluß Liliths. Salomé: »Ich achte nicht auf die Stimme meiner Mutter. Zu meiner eigenen Lust will ich den Kopf des Jochanaan in einer Silberschüssel haben. Du hast einen Eid geschworen, Herodes. Du hast einen Eid geschworen, vergiß das nicht!«

Als sich sein Schwarzer Mond im Transit über Widder und in Konjunktion zum Radixmond befand (1852), schrieb Guiseppe Verdi die Oper *Troubadour*, deren Handlung zur Zeit der Inquisition spielt: Die Hauptfigur, Azucena, ist Zigeunerin; ihre Mutter wird vom Grafen dieses Landstrichs der Hexerei beschuldigt und zum Tod durch den Scheiterhaufen verurteilt. Aus Rache für den Tod ihrer Mutter raubt Azucena den eben erst geborenen Sohn des Grafen in der Absicht, ihn lebendig zu verbrennen. In ihrem Wahn wirft sie jedoch irrtümlich ihr eigenes Kind in die Flammen.

Die fünf eben beschriebenen Gestalten – die Königin der Nacht, Norma, Turandot, Salomé und Azucena – sind nicht von Natur aus grausam und bestialisch veranlagt; vielmehr werden sie so aus einem erlittenen Schmerz heraus, denn genauso wie Lilith und Lamia sind sie Opfer der Tyrannei anderer: Die Tochter der Königin der Nacht wird geraubt und im Reich Sarastros gefangengehalten, Norma wird von ihrem Liebhaber zuerst verführt und danach betrogen und verlassen. Turandot will mit dem Tod der Prinzen den Mann bestrafen, der eine ihrer Ahninnen vergewaltigt und ermordet hat. Salomé haßt ihre Mutter wegen ihres bösartigen und unkeuschen Wesens. Sie ist nie von ihr geliebt worden und sucht nun in einer unmöglichen Liebe die Anerkennung als Frau. Jochanaan aber liebt nur Gott und weist sie zurück. Aus Wut und Schmerz befiehlt

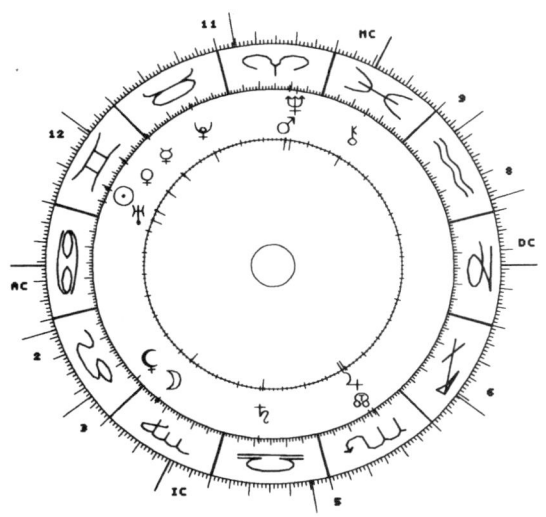

Abb. 5: Richard Strauss

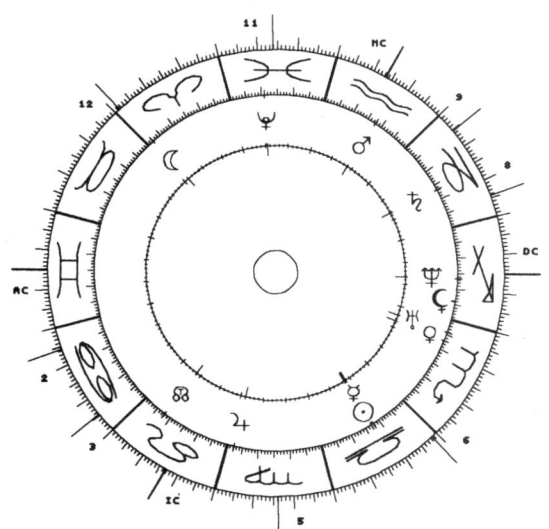

Abb. 6: Guiseppe Verdi

25

Salomé seinen Tod; Azucena tötet, um die Hinrichtung ihrer Mutter zu rächen.

Im Horoskop des genialen Leonardo da Vinci steht der Schwarze Mond im Quadrat zur Sonne. Das rätselhafte Lächeln der Mona Lisa und das Geheimnis, das die noch immer nicht geklärte Identität des Modells umgibt, haben auch zu der Behauptung geführt, für das Bild habe keine Frau, sondern ein Mann Modell gestanden. Neueste Nachforschungen lassen sogar vermuten, Leonardo habe sich selbst mit weiblichen Zügen gemalt, um damit seine Homosexualität zu kompensieren, die er verbergen mußte. Dies ist ein Hinweis auf den Einfluß der geheimnisvollen Lilith im Horoskop des Künstlers.

George MacDonald gehört zu den größten englischen Schriftstellern der viktorianischen Zeit. Er gilt als der Begründer jener Tradition des phantastischen Romans, welcher seine Freunde Lewis Caroll, C. S. Lewis und J. R. R. Tolkien später folgen sollten. Zwar habe ich keine exakte Geburtszeit finden können, aber allein schon anhand der Planetenstände läßt sich folgendes erkennen. Er wurde am 10. Dezember 1824 mit einer Konjunktion Uranus/Neptun im Steinbock geboren. Seine Radix-Lilith befindet sich auf 10° 12' Fische und bildet ein Sextil dazu. Außerdem liegt ein Quintil des Schwarzen Mondes zum Merkur auf 28° Schütze vor, der darüberhinaus auch ein Quadrat von Pluto empfängt. 1853 wurde er wegen des Verdachts der Häresie genötigt, sein Amt als Geistlicher niederzulegen. Im selben Jahr passierte Lilith seinen Radix-Saturn in Konjunktion. Danach lebte er in ärmlichen Verhältnissen, verdiente sich seinen Lebensunterhalt als Verfasser unzähliger Bücher und trug vier Kinder zu Grabe, die an Tuberkulose verstarben. Nach fünfjähriger Arbeit (also etwa einem halben Zyklus des Schwarzen Mondes) veröffentlichte er im Jahre 1895 seinen letzten bedeutenden Roman *Lilith*. Die Hauptfigur gelangt durch einen Spiegel in ein mystisches Reich von guten und bösen Geistern und grotesken Erwachsenen. Im September 1985 lief der Schwarze Mond über MacDonalds Radixposition auf 10° Fische.

Die Schattenthemen Liliths werden von den Künstlern aktiv in der Phantasie ausgelebt und in ihren Werken zum Ausdruck gebracht. Deshalb bin ich der Ansicht, daß die Konstellationen des Schwarzen Mondes in Künstlerhoroskopen keinen oder nur sehr wenig Einfluß auf deren reales Leben ausüben. Auf jeden Fall wirkt Lilith dadurch, daß sie im schöpferischen Bereich bearbeitet wird, nicht auf derart schmerzhafte Weise wie bei anderen Menschen, die diese Frauengestalt unbewußt fürchten und deswegen zu verdrängen versuchen.

Lilith
in der Astrologie

Durch Funde von Dokumenten aus der Antike konnten Astrologen nachweisen, daß Lilith, der Schwarze Mond, bereits in der babylonischen und assyrischen Astrologie berechnet wurde.[8] Im Mittelalter verschwand sie allmählich aus der Betrachtung. Es ist sicher kein Zufall, daß gerade in jener dunklen Zeit der Menschheitsgeschichte dieses Prinzip verdrängt und systematisch aus dem Zusammenhang der astrologischen Berechnung und Deutung herausgelöst wurde. Noch zu Beginn unseres Jahrhunderts wurde Lilith höchst selten erwähnt.

Die Theorie von Dom Neroman stammt aus dem Jahr 1933[9]. Er war der erste, der den Schwarzen Mond als zweiten Brennpunkt der elliptischen Mondlaufbahn definierte – und dies gerade in dem Zeitraum, als der Planet Pluto entdeckt wurde (1930). Dies ist sicher ein klarer Hinweis auf die Verwandtschaft der beiden kosmischen Prinzipien, die aber dennoch auch eindeutige Unterscheidungsmerkmale aufweisen: Pluto kann sich zu einer zerstörerischen Kraft entwickeln, ist aber von seiner tiefsten Bedeutung her auf Transformation ausgerichtet und wirkt vor allem in unserer Seele als Auslöser für psychologische Veränderungen. Lilith kann eine viel radikalere Wirkung haben und Ereignisse verursachen, die uns mit dem Leid und den Schatten-

8 Dargestellt von Grazia Mirti in den Unterlagen zu einem Lilith-Seminar (Turin 1991).
9 Nähere Erläuterungen hierzu finden sich im Anhang.

seiten der menschlichen Existenz konfrontieren. Dabei handelt es sich häufig um Ereignisse schwerwiegender Natur und extremer Ausprägung.

Sowohl Pluto wie auch der Schwarze Mond verkörpern die Finsternis, wobei Pluto – oft auf psychischer Ebene – die dunklen Seiten in uns selbst aufzeigt, uns aber dabei auch das Licht erblicken läßt. Pluto steht der Unterwelt und gleichzeitig dem Glanz des Goldes nahe und er symbolisiert sowohl inneren als auch äußeren Reichtum.

Lilith wurde dagegen immer nur mit der Finsternis in Verbindung gebracht und sie repräsentiert das Dunkel außerhalb unserer Person. Im Roten Meer, wo sie mit den Dämonen lebte, konnte man keinen Sonnenstrahl erspähen. Sie trieb nur nachts ihr Unwesen, lockte die Männer an und raubte Kinder.

Roberto Sicuteri schreibt in seinem Buch *Astrologie und Mythos*:

Der Mond – als Ischtar, Osiris oder Persephone – galt als imago mater, als höchster Ausdruck der Weiblichkeit, mit positiven und negativen Valenzen; er war für den Menschen immer sichtbar. Lilith hingegen entsprach einem gefährlichen dunklen weiblichen Bild. Schon bei Babyloniern und Sumerern galt sie als negatives, ja unheilvolles Symbol.[10]

Der Mond als Ishtar oder Persephone wird in der Astrologie mit dem Mond im Skorpion oder in Winkelverbindung zu Pluto gedeutet.

Vor etwa 15 Jahren erwachte mein Interesse an Lilith, doch hatte ich damals noch wenig Erfahrung auf astrologischem Gebiet, und zog es schließlich zunächst vor, den Schwarzen Mond ganz außer Acht zu lassen und mein Wissen über die zehn traditionellen Planeten zu vertiefen. Während eines Plutotransits im Quadrat zu meiner Geburtssonne lebte das Interesse an diesem kosmischen Energiefeld wieder auf, und ich begann, Lilith

10   Roberto Sicuteri. *Astrologie und Mythos* (Braunschweig: Aurum Verlag, 1993) p. 161.

erneut in jedes Horoskop einzufügen. Gerade das Wiedererwachen meines Interesses an Lilith während eines Plutotransits bestärkt mich in der Ansicht, daß die beiden astrologischen Prinzipien eng miteinander verwandt sind.

Und schließlich ist es ebenfalls bemerkenswert – und kein Zufall –, daß der Schwarze Mond in Frankreich und Italien in den sechziger Jahren wiederentdeckt und in die moderne Astrologie integriert wurde, zu einer Zeit also, als die ersten feministischen Strömungen entstanden und die Frauen begannen, für ihre Rechte zu kämpfen und sich gegen die Jahrhunderte alte Unterdrückung durch eine patriarchalische Gesellschaft aufzulehnen.

Es ist bekannt, daß die Entdeckung eines neuen Planeten mit bestimmten historischen Tatsachen in der Welt einhergeht und neue Geistesströmungen widerspiegelt, die symbolisch der Natur dieser Planetenenergie entsprechen. Mit Lilith verhielt es sich genauso, obwohl es sich hierbei nicht um einen Planeten im eigentlichen Sinne handelt.

In zahlreichen Ländern der Welt waren es die Frauen nach all den Übergriffen und Einschränkungen leid, immer nur Bürger zweiter Klasse zu sein. Sie begannen, sich zu organisieren und die Freiheit des Individuums für sich zu entdecken, sich zu bilden und ihre Rolle als Hüterin des heimischen Herdes aufzugeben, die ihnen von der patriarchalischen Tradition zugedacht war. Sie entdeckten ihren eigenen Körper, ihre Sexualität und ihre Lust. Themen, die bisher verpönt gewesen waren, gewannen schlagartig an Aktualität: der weibliche Orgasmus, die Abtreibung, aber auch sexuelle Beziehungen zwischen Frauen. Damals, also etwa Mitte der sechziger Jahre, wurden radikale Veränderungen, wie zum Beispiel die Entdeckung der weiblichen Individualität, durch eine bestimmte astrologische Konstellation stimuliert, nämlich die Konjunktion zwischen Uranus und Pluto. Die Veränderungen fördernde Energie von Uranus, die von Pluto ausgehende Kraft zur Wandlung und der Schwarze Mond, der aus den Tiefen der weiblichen Psyche wieder aufgetaucht war – all das wirkte zusammen und trug zur Befreiung der Frauen von Jahrhunderte lang tradierten Zwängen bei. Die Antibabypille ermöglichte es der Frau, ihre Sexualität frei und ohne Angst vor einer ungewollten Schwangerschaft zu leben und ohne sich später eventuell den seelischen und körperlichen Qualen einer Abtreibung aussetzen zu müssen.

Die Pille gehört eindeutig zur Symbolik Liliths: durch ihre Einnahme widersetzt sich die Frau zum Beispiel den Normen der katholischen Kirche, welche die Sexualität nur zum Zwecke der Fortpflanzung akzeptiert. Sie lehnt sich gegen die Gesetze des Patriarchats auf, denen zufolge die weibliche Geschlechtlichkeit nicht im Hinblick auf eigene Lust, sondern nur als Erfüllung einer ehelichen Pflicht dem Manne gegenüber zu existieren hatte. Feministinnen zogen damals durch die Straßen der italienischen Städte und riefen »*Tremate, tremate, le streghe son tornate*!« (Zittert, zittert, die Hexen sind zurückgekommen!). Ihr Wutschrei ließ Lilith aus den tiefsten Schichten ihrer innersten Verbannung zurückkehren.

Es kam dabei aber auch zu extremen Entwicklungen, wie immer, wenn der Lauf der Geschichte durch Pluto oder Lilith beeinflußt wird. Die feministische Bewegung, welche zunächst aus einem kreativen und befreienden Impuls heraus entstanden war, spaltete sich: auf der einen Seite suchten die Frauen in einer Zusammenarbeit mit den Männern und dem *gemeinsamen* Kampf gegen unzeitgemäße Verkrustungen des politischen und sozialen Systems einen Weg zur Befreiung; auf der anderen Seite bildeten sich Frauenkollektive, die alles Männliche rigoros aus ihrem privaten und politischen Leben ausschließen wollten und das andere Geschlecht verbissen bekämpften. Bei politischen Kundgebungen vertrieben sie die Genossen, die sich auf ihre Seite stellen wollten. Der Haß gegen den maskulinen Herrscher und Tyrann richtete sich nun pauschal auf alles, was männlich war. Das Gedankengut des Patriarchats wurde – lediglich mit umgekehrten Vorzeichen – in den eigenen Reihen erneut vertreten: waren in der alten Männergesellschaft die Frauen eigentlich überflüssig und nur zum Gebären geeignet, so sollte die Funktion des Mannes im modernen (wie im primitiven) Matriarchat nur in der Fortpflanzung liegen. Ich erinnere mich in diesem Zusammenhang an einen Slogan aus jener Zeit, der lautete: »Die Frau braucht den Mann so nötig wie der Fisch ein Fahrrad«.

Anstatt einen gemeinsamen Weg zu suchen und aus den schöpferischen Potentialen von Männern *und* Frauen eine neue Gesellschaft entstehen zu lassen, bekämpften die Geschlechter einander und tun dies heute noch, ohne zu begreifen, daß sowohl männliche als auch weibliche Kräfte die Grundlage des Lebens bilden, und daß nur aus dem Akzeptieren der Gegensätze und deren Verschmelzung etwas wirklich Positives für die Menschheit entstehen kann.

Lilith ist jedoch nicht immer nur alleine *schuld*: Während meiner Beschäftigung mit dem Schwarzen Mond habe ich die in Italien existierende Literatur zu diesem Thema gelesen, darunter auch die Unterlagen eines Seminars von Grazia Mirti, sowie alle Fälle aus meiner Kartei untersucht und mit meinen Klienten über einschlägige Erlebnisse gesprochen. Dabei bin ich zu der Schlußfolgerung gelangt, daß Lilith niemals alleine für eine Auslösung verantwortlich ist. Bestimmte Radixkonstellationen symbolisieren bereits dasselbe Thema, welches durch die Position des Schwarzen Mondes ausgedrückt wird. Selbst wenn man also nicht mit diesem kosmischen Prinzip arbeitet, lassen sich aus den im Horoskop vorhandenen Konfigurationen gewisse Tendenzen erkennen. Überaus bemerkenswert scheint mir jedoch, daß Lilith immer dann präsent ist – sei es als Radixposition oder im Transit –, wenn sich die Anlagen zu einem Ereignis verdichten. Man kann Lilith also gewissermaßen als einen *Katalysator* für bestimmte Neigungen betrachten, die bereits im Geburtshoroskop angelegt sind. Bei den meisten von mir untersuchten Fällen blieb der Schwarze Mond im Horoskop allerdings auf der Ebene des Unbewußten und nur bei wenigen Beispielen kam es zu schmerzlichen Erlebnissen.

Wir können im Rahmen der Astrologie nicht erklären, warum

das »Schicksal« manche Menschen mit solchen Ereignissen konfrontiert, während das Thema bei anderen Horoskopeignern mit vielleicht sogar identischen Konfigurationen im Unbewußten bleibt und hauptsächlich archetypisch als Reisen in ihr Inneres oder in Phantasien und Träumen erlebt wird, in denen die Symbolik Liliths zum Vorschein kommt. Zum besseren Verständnis möchte ich hier einige Beispiele aus meinem Archiv anführen.

Ein Klient mit dem Schwarzen Mond in Konjunktion zur Sonne und in Opposition zum Mond träumte eines nachts von einem Fuchs mit fast menschlichen Zügen, welche ihn an das Gesicht seiner Mutter erinnerten. Der Fuchs hatte den neugeborenen Sohn des Horoskopeigners geraubt und wollte diesen fressen.

Eine Frau »erlebt« in ihren Phantasien gewalttätige Szenen: Unbekannte wollten sie vergewaltigen, sie wehrt sich mit all ihren Kräften, kann sich letztendlich immer befreien und wirft die Angreifer in einen Abgrund oder schlägt mit einer Stange auf sie ein. Diese Klientin hat Mars in Konjunktion zum Schwarzen Mond, und gleichzeitig beide in Opposition zum Saturn.

Eine andere Klientin mit Sonne/Pluto-Konjunktion und dem Schwarzen Mond in Opposition zum Mars, hatte oft gewalttätige Träume und vermutete, als Kind vergewaltigt worden zu sein, ohne jedoch auf eine faßbare Erinnerung zurückgreifen zu können. Während eines Beratungsgesprächs unterhielten wir uns ausführlich über die oben genannten Winkelspannungen. Ich fragte sie, ob sie das Opfer sexueller Gewalt geworden sei, worauf sie mir verblüfft antwortete, daß auch ihr Psychotherapeut vor kurzem diese Frage gestellt habe, daß sie aber außer einem vagen Verdacht keine konkreten Anhaltspunkte habe. Eine Woche danach rief sie mich an, um einen neuen Termin zu vereinbaren. Sie wirkte erleichtert und erzählte, daß sie sich jetzt an alles erinnern könne: die Gewalt war nicht physischer, sondern psychischer Herkunft gewesen. Als Kind hatte sie auf dem Lande gelebt und in der Nähe wohnte ein großer und kräftiger Mann mit einer tiefen Baßstimme, vor dem die Kinder des Ortes sich fürchteten. Eines Abends befand sie sich mit ihrer Schwester zusammen in der Küche dieses Mannes. Er bedrohte die Mädchen zum Spaß mit einem Küchenmesser und ergötzte sich über ihr Entsetzen.

Bei einer Frau aus meinem Bekanntenkreis steht der Geburtsmond in Konjunktion zu Pluto. Lilith ist von dieser Konjunktion im ersten Haus nur 7° entfernt. Die Horoskopeignerin leidet unter Phobien und fürchtet sich manchmal davor, geschlossene Türen zu öffnen, weil sie meint, in den Räumen dahinter bestürzende Szenen mitansehen zu müssen. Sie erzählte mir, daß sie und ihre Schwester als Kinder oft eine Nachbarin besuchten, der diese Besuche offensichtlich lästig waren. Um die Kinder zu erschrecken und von ihrem Haus fernzuhalten, schminkte sie sich eines Tages ganz seltsam, zerraufte sich die Haare und präsentierte sich den Kindern so als böse Hexe. Dieses Bild ist der Frau bis heute im Gedächtnis geblieben und es beunruhigt sie immer wieder.

Das Prinzip
der unerfüllten Wünsche

Der astrologischen Tradition entsprechend befindet sich das Domizil des Schwarzen Mondes im Steinbock, dem Zeichen also, welches dem Monddomizil gegenübersteht, in dem aber gleichzeitig auch der Saturn herrscht und Mars erhöht ist. Sowohl Saturn als auch Mars stehen dem Mondprinzip feindlich gegenüber. Der Schwarze Mond ist im Skorpion erhöht – in diesem Zeichen sind Mars und Pluto Herrscher, der Mond befindet sich hier im Fall. Liliths Exil befindet sich im Krebs, während sie im Zeichen des Stieres im Fall ist. Sie verbleibt ca. 9 Monate in einem Tierkreiszeichen, wobei ihr vollständiger Umlauf durch den Tierkreis 8 Jahre und 311 Tage dauert.

Lilith stellt die nicht integrierte Anima in der männlichen Psyche dar. Sie repräsentiert die dunkle, bedrohliche und verschlingende Mutter. Dieser Gesichtspunkt ist furchterregend und wird verdrängt. Er taucht aber immer wieder im seelischen Bewußtsein auf und ist mit der Angst verbunden, von dieser instinkthaften Seite bestimmt zu werden.

Ich halte Lilith für eine archaische Erinnerung, die noch immer in der männlichen Psyche wirksam ist: ein Nachklang aus der Zeit des Matriarchats, als die Aufgabe des Königs vornehmlich in der Fortpflanzung bestand. Nach Erfüllung seiner Pflicht und einer Herrschaftsdauer von einem Jahr wurde er geopfert oder kastriert. Deshalb kann die Position Liliths in männlichen Horoskopen für die Ablehnung der Frauen oder für eine Urangst vor ihnen stehen.

Francesco Monte schreibt in seinem Buch *Astrologia Occulta*:
Im männlichen Horoskop steht Lilith für die schrecklichen Erfahrungen, die der Mann mit seiner wirklichen Mutter und mit den Frauen im allgemeinen gemacht hat, oder seine unerfüllten Wünsche Frauen gegenüber bleiben im Unterbewußtsein lebendig.[11]

In der weiblichen Psyche hingegen existiert das Energiefeld Liliths als Schatten, während die Eigenschaften des Mondprinzips gelebt und in die weibliche Psyche integriert werden. Hier stellt Lilith jene weibliche Seite dar, welche die Frau im Patriarchat aufgeben mußte, um stattdessen einem von der Männerwelt bestimmten Rollenbild gerecht zu werden: Mutter, Heilige, Jungfrau und Engel (mondhafte Entsprechungen). Aber auch die verdrängte Seite verlangt irgendwann danach, ausgelebt zu werden.

Dies kann durch Sexualität, Eros oder Instinktivität geschehen, doch diese Eigenschaften wurden meist als dämonisch und unmoralisch eingestuft. Frauen wurden folglich gerne in zwei Kategorien eingeteilt: die asexuelle Mutter und treue Gattin (Mond), oder die Hure und Hetäre (Lilith). Die Heilige Jungfrau Maria und Maria Magdalena verkörpern diese beiden Frauengestalten im religiösen Bereich[12]. Grazia Mirti weist darauf hin, daß die klassische Astrologie dem Mond-Prinzip ausschließlich männliche Kräfte gegenüberstellte (Sonne und Saturn). Lilith repräsentiert nun stattdessen einen weiblichen Energiefaktor, welcher den Mondeigenschaften entgegengesetzt ist. Mond und Schwarzer Mond symbolisieren also zwei einander gegensätzliche Dimensionen des Weiblichen, und sollten doch eigentlich, wenn sie beide bewußt gelebt werden, eine einzige Frauenpersönlichkeit ergeben. Aber bereits in dunkler Vorzeit erfuhr der weibliche Aspekt diese Spaltung und beide Pole existieren seither unabhängig von einander.

11 Francesco Monte. *Astrologia occulta* (Rom: Edizioni Mediterranee, 1979) p. 54.
12 Grazia Mirti, Lilith-Seminar, Turin 1991.

Die Frau ist jedoch nicht nur die Spenderin allen Lebens (Mond), sondern sie bringt durchaus auch den Tod (Lilith). Die Lebensberaterin Angelika Aliti schreibt in ihrem Buch Die Sucht unsterblich zu sein im Rahmen einer Darstellung über die Gebärmutter:

Aus dieser dunklen Höhle sind wir gekrochen. Sie ist die Quelle aller Lust und unseres Lebens. Ihre Geborgenheit begehren wir, wenn wir leiden, und nach ihrer warmen Dunkelheit sehnen wir uns, wenn wir nicht mehr weiterwissen. Sie ist Verursacherin und Erleiderin des Lebenszyklus. Sie ist Mystik. Die Frau ist die Besitzerin, die Herrin dieser Höhle, und darum ist sie die Hüterin des Unbekannten, Dunklen und Formlosen, aus dem wir alle kommen und in das wir alle gehen. Deshalb gehört ihr auch der lebendige Tod. [13]

In der Astrologie wurde Lilith zunächst nur in sehr negativer Ausprägung interpretiert. Deshalb kann man fast alle alten Schriften zu diesem Thema vergessen – es wurde beinahe nur über sexuelle Abnormitäten geschrieben. Die moderne Astrologie versucht dagegen mit Hilfe der Tiefenpsychologie zu einer differenzierteren Ausdeutung zu kommen. In einem alten Buch kann man z. B. über Venus Konjunktion Lilith die Aussage finden: »wollüstige und bindungsunfähige Frau«. Eine zeitgemäße Interpretation dieses Winkels könnte lauten: unabhängige Frau, die ihre Sexualität frei ausleben will. Ein weiteres Beispiel, nämlich die Beschreibung zu Lilith im 4. Haus besagt, daß »der Horoskopeigner unfähig ist, eine Familie zu gründen, weil er das traditionelle und familiäre Leben ablehnt.« Eine psychologisch fundierte Auslegung müßte heißen: der Horoskopeigner sucht neue Wege eines Zusammenlebens, wie z. B. die Wohngemeinschaft oder das Single-Dasein.

Wir dürfen jedoch nicht vergessen, daß der Einfluß Liliths auf unsere Lebensentscheidungen immer auch ein gewisses Leid mit

13 Angelika Aliti, *Die Sucht unsterblich zu sein*, (Stuttgart: Kreuz Verlag, 1991) p. 93.

sich bringt: Alleine zu leben ist oft keine freie Entscheidung, sondern durch die Enttäuschung in einer oder mehreren Beziehungen entstanden, und Single zu sein heißt oftmals auch, unter Einsamkeit zu leiden. In anderen Fällen wird das Alleinsein nach langem Zusammenleben als Befreiung erlebt und der Schritt dazu fällt leicht – aber auch hier ging dem Genuß des Alleinlebens oft eine leidvolle Zeit voraus (z. B. Ehe- bzw. Partnerschaftsprobleme, eine turbulente Trennungsphase usw.). Dies gilt auch für Frauen, die alleinstehend und uneingeschränkt ihre Sexualität mit verschiedenen Partnern ausleben. Ihre Entscheidung und ihre Lust sind oft verbunden mit Ablehnung oder Mißtrauen seitens der anderen, oder von der schmerzvollen Feststellung, nicht für ein Leben zu zweit geeignet zu sein.

Für den klinischen Psychologen Philippe Grangier stellt Lilith im Horoskop die unerfüllten Wünsche dar.[14] Der Schwarze Mond im Horoskop symbolisiert, was uns fehlt. Dieses Prinzip ist für Grangier weder diabolisch noch negativ, es vereinigt in sich einfach unsere Unzulänglichkeiten – was wir gerne sein möchten, und was uns nicht gelingt, zu sein. Er ist der Ansicht, daß Lilith die Unvollkommenheit und die unerreichten Wünsche in unserem Leben auf unterschiedliche Weise zum Ausdruck bringt. Es wird in uns und unserem Dasein immer eine Leere, eine unstillbare Sehnsucht geben, eine Art ursprünglichen Verlust: das Gefühl, welches nach der Vertreibung aus dem Paradies in uns zurückgeblieben ist. Etwas fehlt uns und scheint uns doch lebensnotwendig. Grangier zufolge werden Menschen, bei denen Lilith in Konjunktion zu einem persönlichen Planeten steht, versuchen, diesen Mangel dadurch zu kompensieren, daß sie die betreffenden Planeten verstärkt zum Ausdruck bringen.

Aussichtslose Wünsche und Bestrebungen können sich durchaus auch auf einer kollektiven Ebene konzentrieren. Sie können instinktive Energien auslösen, die gewalttätige oder befreiende Ereignisse zum Ausbruch bringen.

14 Grazia Mirti, Lilith-Seminar, Turin 1991.

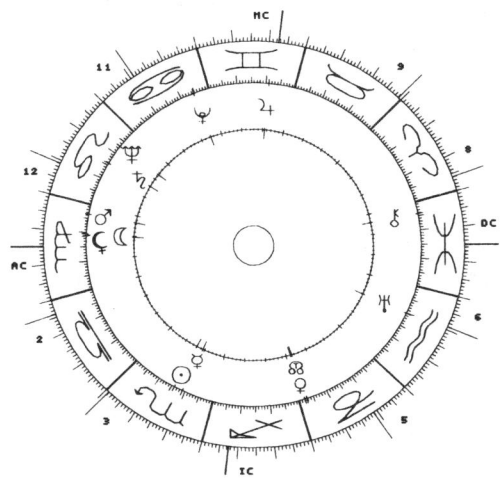

Abb. 7: Russische Revolution

Das erste Beispiel für Liliths Wirkungen auf kollektiver Ebene zeigt das Horoskop des Tages vor der russischen Revolution, als die Bolschewisten um Lenin und Trotzki die Mitglieder der Kerentzky-Regierung festnahmen: Der Schwarze Mond steht in Konjunktion zum Aszendenten, der Mond (das Volk) und Mars (die Kraft) befinden sich in Konjunktion im 12. Haus (das Kollektiv). Weitere Schlüsselkonstellationen jenes Tages sind das Quadrat Sonne-Uranus (die Revolution) und das Sextil Mars-Pluto (Wandlung, regenerierende Energie).

Das nächste Beispiel betrifft das Horoskop vom Fall der Berliner Mauer. Bei diesem befreienden Ereignis spielte der Schwarze Mond eine gewichtige Rolle und bildete vier Aspekte: Konjunktion zu Mars im 5. Haus, Sextil zu Uranus (extreme und kreative Energie, die zur Befreiung führt), Sextil zu Venus und Trigon zum Aszendenten. Besonders wichtig sind auch die Aspekte zwischen Saturn und Neptun (Fall der Mauer) sowie Sonne, Merkur und Pluto (Umwandlung, neues Bewußtsein, aber auch extreme Tendenzen).

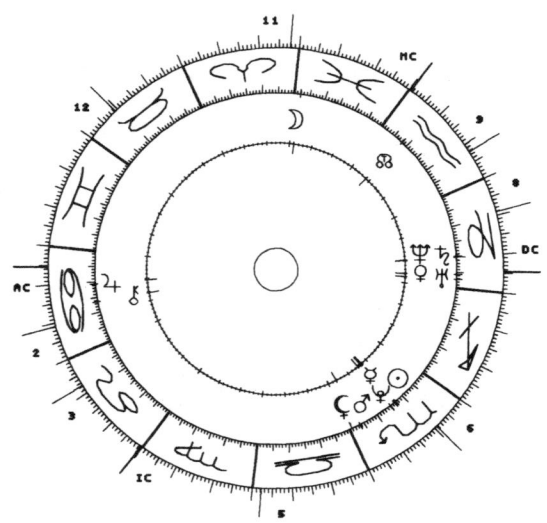

Abb. 8: Fall der Mauer

Die beiden letzten Beispiele behandeln die Horoskope zweier italienischer Terroristen. Dabei fallen sofort ähnliche Konstellationen auf, denn beide haben Mars im 8. Haus, in dem sich außerdem auch noch Uranus befindet. Bei ihr steht Lilith außerdem in Konjunktion zum Mars, während er ein Lilith/Mars-Quadrat im Geburtsbild vorzuweisen hat. Das 8. Haus spielt folglich in beiden Horoskopen eine wichtige Rolle – es zeigt unsere unbewußten Begierden, die dunkelsten Seiten unserer Persönlichkeit. Im 8. Haus hat Pluto sein Domizil, und es weist auch Ensprechungen zu Lilith auf, da diese im Skorpion bzw. im 8. Haus erhöht ist. Ferner ist zu beachten, daß in beiden Horoskopen Venus, der Planet der Liebesfähigkeit und die Entsprechung zu der als Kind empfangenen Liebe, in Konjunktion zu Pluto und im 9. Haus steht (dem Bereich der Politik): die innere Wut, nicht genügend Zuneigung erhalten zu haben und selbst nicht lieben zu können, findet ihren Ausdruck in der Ideologie und in einer extremen Politik, die nur zu Chaos und Tod führt.

40

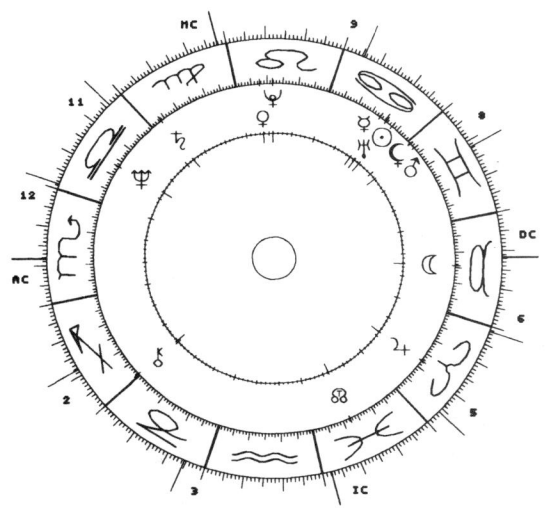

Abb. 9: Terroristin

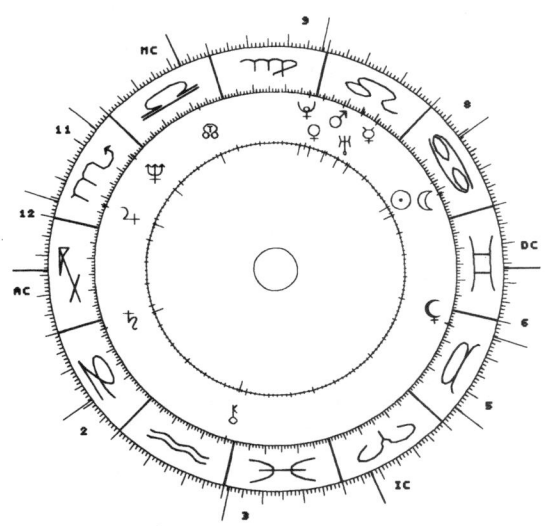

Abb. 10: Terrorist

41

Lilith in den
zwölf astrologischen Häusern

Wenn Lilith unsere unerfüllten Wünsche und einen seelischen Mangel symbolisiert, der unser Leben beeinträchtigt, so scheint mir die Frage bedeutsam zu sein, in welches Haus des Geburtshoroskops sie fällt. Die Stellung Liliths kann uns Aufschluß darüber geben, was uns fehlt und was wir sehnlichst begehren. Da Lilith immer mit schmerzlichen Erfahrungen verbunden ist, verdeutlichen die Häuser jene Erlebnisbereiche, durch die wir in unserem Leben mit Schmerz, Verzicht oder nagender Wut konfrontiert werden. Ich bin jedoch der Ansicht, daß dabei auch Liliths Aspekte mit anderen Planeten sowie die Radixkonstellationen der persönlichen Planeten, die auf die gleiche Thematik hinweisen, eine wichtige Rolle mitspielen und letztlich entscheidend dafür sind, ob die Wünsche und Erfahrungen im Unterbewußtsein verbleiben oder vom Horoskopeigner bewußt ausgelebt werden (können). Steht Lilith isoliert in einem Haus, so ist anzunehmen, daß das entsprechende Thema im Leben des Horoskopeigners unbewußt bleibt, sofern es nicht durch einen Transit oder die Präsenz von Mars, Pluto oder anderen langsamen Planeten im gleichen Haus stimuliert und an die Oberfläche getragen wird.

Bei guter Kenntnis der Deutungsinhalte der zwölf astrologischen Häuser können wir die *unerfüllten Wünsche* der Horoskopeigner anhand der jeweiligen Position des Schwarzen Mondes erkennen. Bei extremen Ausprägungen werden wir vermutlich auch noch andere verstärkende und auslösende Faktoren in den zwölf Feldern feststellen können.

Lilith im 1. Haus. Der Horoskopeigner wünscht sich vielleicht mehr Charakter und eine stärkere Persönlichkeit, außerdem möchte er einen nachhaltigen Eindruck bei anderen Menschen und in seiner Umgebung hinterlassen. Eine Bekannte mit dieser Konstellation erzählte mir, sie habe oft das Gefühl, den Dingen nicht gewachsen zu sein und leide deswegen an Minderwertigkeitskomplexen. Wichtig dabei ist auch ihr Steinbock-Aszendent im Aspekt zu Saturn, denn dieses Gefühl ist charakteristisch für Menschen mit dem AC in diesem Zeichen oder persönlichen Planeten in Kontakt zu Saturn. Im vorliegenden Fall wird dieser Eindruck, am falschen Platz zu sein, noch durch Lilith verstärkt.

Lilith im 2. Haus. Hier kann sich der Mangel im materiellen Bereich ausdrücken. Das Geld reicht nie aus, um die Wünsche des Horoskopeigners zu erfüllen. Diese entstehen aus einer tiefen Unzufriedenheit, einem Mangel an moralischen Werten oder einem Fehlen an Liebe zu sich selbst. Steht Lilith im 2. Haus, versucht man häufig, diese innere Leere durch materielle Güter oder durch das Ausgeben von Geld zu füllen. Werden die Mittel jedoch knapp, so wird die Frustration nahezu ins Unerträgliche gesteigert. Lilith im 2. Haus könnte ferner darauf hindeuten, daß der Horoskopeigner Geld mit schmutzigen Geschäften erworben hat (z. B. Drogenhandel, Prostitution, Erpressung usw.). Eine andere Entsprechung Liliths im 2. Haus beträfe Menschen, die glauben, alles mit Geld kaufen zu können – auch die Liebe.

Lilith im 3. Haus. Ein Horoskopeigner mit dieser Konstellation wird vielleicht bedauern, nicht ausreichend gebildet zu sein. Aus familiären Gründen oder einem Mangel an Willenskraft hat er seine Ausbildung vorzeitig abgebrochen. Möglicherweise hat er später versucht, alleine weiter zu studieren oder zu lernen, und so diese Lücke wieder gefüllt. Es bleibt jedoch ein Gefühl der Unzulänglichkeit und Scham darüber zurück, die Reifeprüfung z. B. erst so spät abgelegt zu haben oder überhaupt keine

Diplome vorweisen zu können. Da das 3. Haus auch das Verhältnis zu Geschwistern symbolisiert, können sich diese Beziehungen ebenfalls problematisch gestalten und Anlaß zur Sorge geben. Eine meiner italienischen Klientinnen hat einen Bruder, der bereits in jungen Jahren auf die schiefe Bahn geriet. Erst handelte es sich um kleine Diebstähle und Betrügereien, später wurden die Delikte schwerwiegender. Er wurde zu einer mehrjährigen Gefängnisstrafe verurteilt, während der er an einem Halstumor erkrankte. Nach seiner Entlassung, krank und aufgrund seiner Vorstrafen ohne Arbeit, bat er seine Schwester, ihn aufzunehmen. Sie gibt ihm jetzt Wohnung und materielle Unterstützung, was sie finanziell und psychisch belastet, doch fühlt sie sich nicht imstande, ihn vor die Tür zu setzen.

Lilith im 4. Haus. Häufig befinden sich die Horoskopeigner im Exil, mußten ihren Wohnort aus irgendeinem Grund verlassen, oder haben alle ihre Familienangehörigen in einem Krieg oder bei einer Naturkatastrophe verloren. Ebenso finden wir diese Hausposition Liliths in Fällen von Inzest oder bei Menschen, die ihren leiblichen Vater nicht kennen und ihr Leben lang verzweifelt versuchen, diese väterliche Identität aufzuspüren. Ein Klient mit Lilith am IC berichtete mir, daß er im Alter von fünf Jahren einen Onkel verlor, der im Krieg ums Leben kam. Er hatte ihn kaum gekannt, aber dennoch trauerte er um diesen Menschen bis ins Erwachsenenalter, ohne die Gründe zu verstehen. Vor zwei Jahren wurde ihm jedoch während einer Therapie klar, daß der Onkel sein leiblicher Vater gewesen ist. Diese Thematik wird auch durch einige Radixwinkel verdeutlicht: Sonne/Saturn-Konjunktion und beide zusammen in Opposition zum Neptun. Venus und Merkur stehen im 8. Haus, dem Feld für Familiengeheimnisse, und in Opposition zum Mond. Außerdem bildet Pluto eine Konjunktion mit dem Aszendenten.

Lilith im 5. Haus. Das Fehlen von Nachkommenschaft wird hier oft als besonders gravierend empfunden. Bei weiblichen Horoskopen steht Lilith häufig in diesem Feld, wenn die Geborene stark an ihrer Unfruchtbarkeit leidet. Außerdem kann diese Kombination bei Menschen auftreten, deren Leben durch die Spielleidenschaft ruiniert wird oder bei Künstlern, die nie zum Erfolg gelangen. In einer Fernsehsendung wurde die Geschichte dreier künstlerisch begabter junger Mädchen geschildert, die von daheim fortgelaufen waren, um in Hollywood eine Karriere als Filmschauspielerinnen zu starten. Eine von ihnen landete als Prostituierte auf der Straße, die andere wurde drogenabhängig, und die jüngste, gerade erst 13 Jahre alt, Darstellerin in Pornofilmen – ich frage mich, ob sich in den Horoskopen der Mädchen nicht vielleicht der Schwarze Mond im 5. Haus befindet. Die gleiche Hausposition fand ich bei einer sexsüchtigen Klientin. In ihrem Fall wird die Sucht noch durch andere Winkelverbindugen verstärkt: Stiersonne im Quadrat zu Pluto, Venus im Widder und in Opposition zu Neptun sowie im Quadrat zu Jupiter, Mars im Sextil zu Pluto. Diese Frau hatte ein sehr dramatisches Schicksal: Da der Vater sich einen Sohn gewünscht hatte, wurde sie als Kleinkind zu kinderlosen Verwandten in Pflege gegeben – die ihrem Mann ergebene Mutter konnte in keiner Weise gegen die Ablehnung vorgehen, die der Vater bereits dem neugeborenen Mädchen entgegenbrachte und stimmte diesem Schritt zu. Im Alter von vier Jahren wurde das Kind vom Pflegevater sexuell belästigt und kam daraufhin zurück zu den leiblichen Eltern. In jungen Jahren wurde sie dann vom eigenen Vater vergewaltigt und 14 Jahre lang mißbraucht. Nach dem Tod des Vaters zeigten sich die Symptome ihrer Abhängigkeit – sie konnte sich von dem Verlangen nach Sex nicht befreien.

Lilith im 6. Haus. Aus meiner persönlichen Erfahrung weiß ich, daß Geborenen unter dem Einfluß dieser Hausposition Liliths auf jede Belastung, auf Probleme in der Arbeit oder auf Frustrationen des Hausfrauendaseins mit psychosomatischen Erkrankungen reagieren. Mein Körper antwortet auf jedes noch so geringe Ärgernis mit Krankheitssymptomen. Auch mein Sohn hat Lilith im 6. Haus und leidet an allergischem Asthma und Ekzemen. Diese Position des Schwarzen Mondes ist oft bei Frauen zu finden, die sich zum Leben als Hausfrauen gezwungen sehen, obwohl sie gerne eine andere Arbeit finden würden und die täglichen Pflichten der Hausarbeit abgeben möchten. Im Film *Belle de jour* langweilt sich die Hauptdarstellerin in ihrer bürgerlichen Existenz und der daraus entstehenden Leere. Um dem täglichen Einerlei zu entgehen, das ihr unerträglich wird, prostituiert sie sich in einem privaten Bordell – dies könnte ein typisches Thema für Lilith im 6. Haus sein. Das 6. Haus wird ebenfalls mit der Arbeit in Verbindung gebracht und erinnert uns auch an Berufe, die als Vorwand für das Ausleben der gewalttätigen und grausamen Seiten des Geborenen dienen: dazu würden Experimente der Vivisektion gehören (6. Haus – Arbeit und Kleintiere). Dr. Mengele hatte den Schwarzen Mond im 6. Haus. Er führte seine fürchterlichen Experimente an Menschen durch.

Lilith im 7. Haus. Hier handelt es sich um sehr problematische Beziehungen, aber auch um Einsamkeit im Gefühlsbereich. Der Geborene wünscht sich sehnlichst eine Liebesverbindung, ist aber gezwungen, allein zu leben, weil er nie die verwandte Seele gefunden hat – sei es wegen seiner hohen Ansprüche oder seiner Unfähigkeit, mit einem anderen Menschen zusammenzuleben. Einer meiner Schüler mit dieser Konstellation erzählte einmal Episoden aus seinem Gefühlsleben: Häufig hatte er Lilith auf seine Partnerinnen projiziert, und die Beschreibung, die er von ihnen gab, ließ weder mich noch seine Kollegen daran zweifeln, daß Lilith in den Horoskopen dieser Frauen dominierte: eine von ihnen traktierte ihn während und nach Beendigung der Beziehung mit Telefonanrufen, in denen sie ihre Selbstmordabsichten ankündigte. Eine andere war krankhaft eifersüchtig und hatte ihn auch einmal in einem Zimmer eingeschlossen, um ihn am Ausgehen zu hindern. Die ehemalige Prinzessin Soraya, die erste Gattin des Schah von Persien, war von ihrem Mann sehr geliebt worden. Sie wurde jedoch verstoßen, weil sie dem Herrscher keinen Sohn schenken konnte. Lilith (5° 33' Stier) und Uranus befinden sich bei ihr im 7. Haus. Sie hatte später viele und darunter auch manche sehr dramatische Liebesbeziehungen, die teilweise geheimgehalten wurden. Einige ihrer Liebhaber kamen auf tragische Weise ums Leben und einer, starb bei einem Flugzeugunglück (Uranus im 7. Haus in Quadrat zu Pluto im 10. Haus).

Lilith im 8. Haus. Der Schwarze Mond im 8. Haus könnte bei Menschen zu finden sein, die enterbt wurden oder vergeblich eine Erbschaft erwarteten, die ihnen jedoch letztendlich nicht zuteil wurde; Lilith im 8. Haus läßt sich außerdem auch bei Menschen antreffen, die Opfer eines Betruges wurden (durch ihre Verwalter, oder anläßlich der Ausarbeitung eines Vertrages). Christa wurde in ihrem Leben mit mehreren schicksalshaften Todesfällen konfrontiert. Als sie neun Jahre alt war starb ihre Mutter an einer tödlichen Krankheit, zwei Jahre später nahm sich ihr Vater das Leben. Sie kam zusammen mit ihrem Bruder zu einer von den Kindern gehaßten Tante. Als Christa 18 Jahre alt war verübte der Bruder Selbstmord. Sie heiratete wenig später einen Polizisten, der nach zwei Jahren Ehe im Dienst ums Leben kam. Mit 21 Jahren war Christa Witwe ohne nähere Verwandte. Ihr Geburtsthema zeigt Lilith im 8. Haus, die Sonne steht in Konjunktion zu Pluto und Mars.

Lilith im 9. Haus. Der Schwarze Mond im 9. Haus kann die Ursache für den Verlust von Glauben sein oder das Fehlen jenes Trostes bewirken, den der Glaube bietet. Dies kann den Bruch mit Gott bedeuten oder das Gefühl, den göttlichen Schutz auf der Erde verloren zu haben. Es könnte auch die Auflehnung gegen die traditionelle Religion oder gar gegen Gott selbst zur Folge haben. Sogar das Bedauern darüber, eine sehnlichst gewünschte Reise nie unternommen zu haben, gehört zu diesem Bild.[15]

15 Grazia Mirti, Lilith-Seminar, Turin 1991.

Lilith im 10. Haus. Diese Hausposition drückt einen Mangel im Bereich der sozialen Stellung und der Popularität aus. Die negativen Eigenschaften werden von den Horoskopeignern oft auf die Mutter projiziert. Judy Garland hatte Lilith auf 17° 27' Fische im 10. Haus stehen. Sie wurde sehr früh berühmt, war jedoch zu jung, um damit fertig zu werden, und verfiel schließlich dem Alkohol. Die Trunksucht und ein ausschweifendes Leben führten zu ihrem frühen Tod. Lilith in dieser Stellung findet man oft bei Menschen, die ihr Ansehen und die Sympathie der öffentlichen Meinung durch Skandale verloren haben. In dem Film *Bellissima* spielt Anna Magnani die Rolle einer Mutter, die ihre Tochter mit Talentwettbewerbe traktiert. Sie wollte ihre Armut mit dem Erfolg ihrer Tochter kompensieren, obwohl die Ambitionen der Mutter für das Kind nur Leid bedeuteten. Diese Thematik entspricht dem Prinzip von Lilith im 10. Haus und tritt häufig bei Kindern auf, die in der Filmbranche vermarktet werden. Im positiven Sinne weist Lilith im 10. Haus auf Persönlichkeiten, deren Werke einen starken Eindruck in der Öffentlichkeit hinterließen (z. B. Johann Wolfgang Goethe, Carl Gustav Jung oder Albert Einstein).

Lilith im 11. Haus. Hier kann es sich um die Zugehörigkeit zu einer extremistischen Partei, einer kriminellen Vereinigung oder auch zu einer satanischen Sekte handeln: Der Mafiaboß Salvatore Riina hat beispielsweise diese Konstellation. Interessant ist dabei auch die Stellung Plutos in Konjunktion zum IC: der Mafia-Clan wird von seinen Mitgliedern auch die Familie genannt. Jupiter in Konjunktion zu Pluto und zum IC erinnert daran, daß sich die Mafiosi als Ehrenmänner bezeichnen. General Carlo Alberto Dalla Chiesa hat lange gegen die Terroristen der Roten Brigaden gekämpft, wurde jedoch in den 80er Jahren nicht von Terroristen, sondern von der Mafia aus Palermo ermordet. Diese Position des Schwarzen Mondes kann aber auch zur Folge haben, daß dem Horoskopeigner ein Weltbild fehlt, nach dem er sich in seinem Leben richten könnte, oder daß er zu einem apokalyptischen Zukunftsbild neigt. Das Fehlen echter Freunde, auf die man zählen kann, ist ebenfalls charakteristisch für diese Plazierung.

Lilith im 12. Haus. Hier handelt es sich um den Verlust der Freiheit, sei es etwa durch eine Gefängnisstrafe, durch den Aufenthalt in einer Besserungsanstalt, in einem Internat oder in einem Kloster. Als Kind kannte ich einen Pfarrer, der zuerst in einem Waisenhaus aufgewachsen war und später dazu gezwungen wurde, in ein Kloster zu gehen und die Priesterlaufbahn einzuschlagen. Er scheint mir ein typisches Beispiel für die Stellung des Schwarzen Mondes im 12. Haus zu sein. Chris ist ein Homosexueller, der in seiner Kindheit oft mißbraucht wurde. Er verliebte sich in einen Dealer und aus Angst, von ihm verlassen zu werden, stieg er in den Drogenhandel ein. Es dauerte nur einige Monate bis er verhaftet wurde und eine längere Gefängnisstrafe zu verbüßen hatte. Er war ein talentierter Coiffeur mit einem florierenden Frisiersalon, nach seiner Haftentlassung hatte er jedoch alle Kunden verloren.

Die Aspekte Liliths
zu den persönlichen Planeten

Ich habe in meiner Arbeit mit dem Geburtshoroskop vor allem die Aspekte des Schwarzen Mondes zu den persönlichen Planeten (Sonne, Merkur, Venus, Mars und Mond) untersucht. Über die Interpretation der Aspekte zu den restlichen Planeten muß ich mir erst noch ein Urteil bilden – bisher ist mir die Wirkung solcher Konstellationen noch nicht völlig klar geworden. Was die Art der Aspekte betrifft, so konnte ich interessanterweise feststellen, daß der Einfluß Liliths nahezu immer gleich ist, egal ob es sich dabei um spannungsgeladene oder harmonische Winkel handelt.

Zur Erläuterung möchte ich den Fall von Franca Viola erwähnen: Franca war gegen Ende der sechziger Jahre in Sizilien zum Inbegriff der neuen Weiblichkeit geworden, weil sie sich als erste Frau gegen einen brutalen sizilianischen Brauch gewehrt hatte. Auch heute ist es in Sizilien noch üblich, ein Mädchen, das gegen den Willen der Eltern heiraten will, zu entführen. Wenn der Entführer und die Entführte eine Nacht zusammen verbracht haben, muß das Mädchen aus Gründen der Ehre denjenigen heiraten, der ihr die Jungfräulichkeit geraubt hat. Manche Minderjährigen inszenieren also gerne eine Entführung, um die Zustimmung der Eltern zur Heirat zu erzwingen. Es kommt allerdings auch vor, daß eine junge Frau, die mit einer späteren Eheschließung überhaupt nicht einverstanden ist, gegen ihren Willen entführt wird. Genau dies war auch bei Franca Viola der Fall. Sie wollte von ihrem hartnäcki-

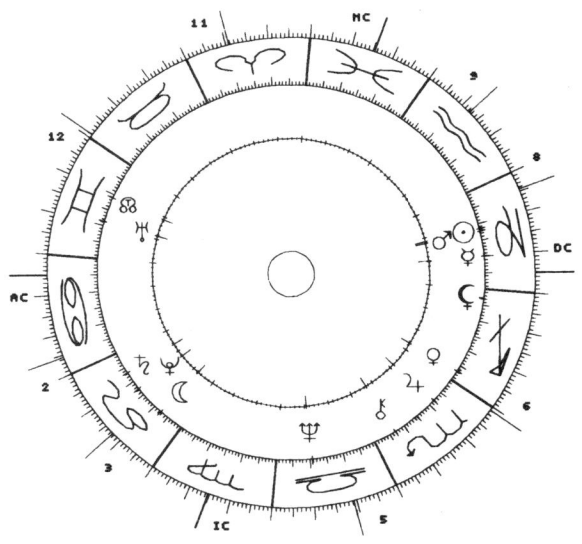

Abb. 11: Franca Viola

gen Verehrer nichts wissen, doch der Abgewiesene verschleppte und vergewaltigte sie. Franca lehnte eine Heirat zur Wiedergutmachung der Ehre ab und tat etwas, was zuvor noch keine Frau in Sizilien gewagt hatte: sie erstattete Anzeige gegen den Vergewaltiger. Dies entfachte einen Skandal und Sizilien spaltete sich in zwei Parteien: die eine Seite – eine Minderheit – bewunderte Francas Mut, die andere, wesentlich zahlreichere, Gruppe mißbilligte ihren Schritt, erklärte sie für entehrt und nicht mehr gesellschaftsfähig. Sie wurde auf der Straße (selbst von Frauen) beschimpft und sogar von ihren Familienangehörigen gemieden oder hart kritisiert. Von den Massenmedien in weiten Teilen Italiens aber wurde sie für ihren Mut gelobt. Ja, es wurde sogar ein Film über ihre Geschichte gedreht, mit Ornella Muti in der Hauptrolle. Franca Viola schrieb schließlich ein Buch, das zum Bestseller wurde und es gelang ihr, an einem anderen Ort eine Familie zu gründen. In ihrem

51

Horoskop steht der Schwarze Mond im Trigon zu einem stolzen Löwe-Mond. Francas Geschichte nahm ein glückliches Ende, doch wieviel Leid ging dem voraus, als sie das Opfer einer solchen Gewalttat wurde. Wieviel Enttäuschung und Machtlosigkeit über die ablehnende Haltung ihrer Familie, ihrer Freundinnen, über die Tatsache, daß sie wie ein Straßenmädchen behandelt wurde und jahrelang in Schande und Einsamkeit leben mußte, hatte Franca zu bewältigen![16]

Durch den fließenden Lilith/Mond-Aspekt konnte das Mädchen genügend Mut aufbringen, um sich ähnlich wie Lilith gegen das patriarchalische Gesetze zu sträuben. Ihre Kühnheit und ihre Entschlossenheit finden sich natürlich im gesamten Geburtshoroskop wieder: Sonne in Steinbock steht in Konjunktion zu Mars, beide Planeten sind dominant, da sie ein Sextil zum MC bilden. Die erwähnte Konjunktion steht außerdem im Sextil zu Jupiter und weist auf das glückliche Happy End der Geschichte hin. Venus befindet sich im die Wahrheit liebenden Zeichen Schütze sowie im Trigon zu Saturn – gemeinsam mit dem Mond im Löwen sind dies Entsprechungen für den Mut, den Stolz und die Rechtschaffenheit dieser jungen Frau. In ihrem Inneren jedoch bleiben die erlittenen Erfahrungen von Gewalt und Schmerz weiterhin vorhanden, auch wenn die Lilith/Mond-Verbindung ein wunderschönes Trigon darstellt. Man kann daraus schließen, daß das vergangene Erlebnis im Falle von Trigonen und Sextilen für die Horoskopeignerin zwar posi-

16 Für das Geburtsdatum von Franca Viola gibt es zwei unterschiedliche Angaben. Ich habe den 9. Januar 1947, 16 Uhr, gewählt, weil das für dieses Datum erstellte Horoskop (nach einer Graphik aus einem Seminar von Grazia Mirti in Turin) der mutigen Persönlichkeit dieser Frau entspricht. Das andere gebräuchliche Datum ist der 9. Januar 1949 und geht aus einem Buch von Grazia Mirti hervor. Im Horoskop dazu steht Lilith im Sextil zur Sonne und zum Mond. Die übrigen planetaren Konstellationen reflekteren jedoch nicht den Mut und den rebellischen Charakter, den Franca Viola in einer Angelegenheit, die ihr ganzes Leben verändern sollte, unter Beweis gestellt hat.

tive Momente hatte, daß es sich aber dennoch um eine schmerzliche Erfahrung gehandelt hat.

In Franca Violas Horoskop geht es um ein Trigon mit einem Orbis von 5° 20', was ich schon für ziemlich weit halte. Manche Astrologen empfehlen für den Schwarzen Mond einen Orbis von 10° und rechtfertigen dies damit, daß in verschiedenen Tabellen mit den Positionen des Schwarzen Mondes Ungenauigkeiten festgestellt worden sind. Ich bin aus Erfahrung zu der Ansicht gelangt, daß man einen engeren Orbis verwenden sollte – für mich ist ein Trigon mit einem Orbis von 6° bereits knapp an der zulässigen Grenze. Bei Konjunktionen und Oppositionen können wir 8° und bis zu 10° für die beiden Lichter nehmen. Bei Quadraten arbeite ich – auch für Sonne und Mond – mit 6°, während für Sextile höchstens 4° angenommen werden sollten. Diese Orben verwende ich normalerweise auch für die persönlichen Planeten.

Ich möchte an dieser Stelle aber nochmals darauf hinweisen, daß Lilith nicht in allen Horoskopen auf bewußter Ebene wirksam in Erscheinung tritt. Sowohl Schüler wie auch Klienten haben mir oft berichtet, daß sie den Einfluß dieses kosmischen Prinzips absolut nicht spüren. In anderen Fällen war es wiederum geradezu erschütternd festzustellen, welche Wirkungen diese Energie in der Existenz des Horoskopeigners hinterließ, durch Ereignisse oder psychologische Charaktermerkmale, die eindeutig der Charakteristik Liliths entsprachen. Bei solchen Fallbeispielen wiesen die Horoskope aber neben den Aspekten Liliths auch andere Winkelstrukturen auf, die ebenfalls Einfluß auf die von Lilith vorgegebenen Themen hatten.

Aspekte zwischen Sonne und Lilith im weiblichen Horoskop bescheren der Horoskopeignerin Schwierigkeiten im Hinblick auf das andere Geschlecht. Bei manchen Frauen ist eine Zurückweisung der Männer festzustellen oder eine ablehnende Haltung bezüglich des Zusammenlebens zu beobachten. Lilith in Winkelverbindungen zu Sonne und Mars ist mir auch bei

Frauen begegnet, die an Vaginismus leiden. Diese sehr schmerzhafte Störung erschwert den Geschlechtsverkehr, weil die Scheidenmuskulatur sich krampfhaft zusammenzieht und das Eindringen des Penis verhindert. Die gleiche Konstellation ist mir auch bei einigen lesbischen Frauen aufgefallen.

Das folgende Beispiel betrifft eine Freundin meiner Familie. Ofelia ist lesbisch, lehnt jede Beziehung zum anderen Geschlecht kategorisch ab und ist außerdem immer Jungfrau geblieben. Sie will sich selbst auch nicht als Frau sehen, sondern trägt Männerkleider und benimmt und bewegt sich wie ein Mann. In ihren Beziehungen zu anderen Frauen hat sie immer die männliche Rolle übernommen und sich sehr weibliche und sanfte Partnerinnen ausgesucht. Ihr Horoskop zeigt die Sonne im Quadrat zu Pluto und zum Schwarzen Mond im ersten Haus (unser Bild nach Außen, die Gesten, die bevorzugte Kleidung). Frauen mit dem Schwarzen Mond im Aspekt zur Sonne akzeptieren die Gesetze des Patriarchats nicht und bekämpfen diese aktiv.

Bei beiden Geschlechtern sind solche Winkelverbindungen häufig Anzeichen für eine Ablehnung durch den Vater oder ein merkwürdiges Vaterbild. Unser nächstes Beispiel hierzu handelt von Harry: Lilith steht bei ihm in Konjunktion zur Sonne. Seine erst kurz verheiratete Mutter hatte eine außereheliche Affäre, aus welcher Harry hervorging. Die wahre Vaterschaft war nur der Mutter, ihrem Ehemann und dem Kindesvater bekannt. Sowohl der leibliche wie auch der gesetzliche Vater haben den Jungen immer abgelehnt. Harry hatte als junger Mann große Drogenprobleme, im Erwachsenenalter wurde er psychisch krank und mußte mehrmals psychiatrisch behandelt werden. Die Sonne hat außer dem Lilithaspekt eine Opposition zu Uranus und ein Quadrat zu Neptun.

Im männlichen Horoskop können Aspekte zwischen dem Schwarzen Mond und der Sonne zu Minderwertigkeitskomplexen führen, weil der Horoskopeigner sich nicht für ausreichend männlich empfindet. Diese Unsicherheit kann zu inneren

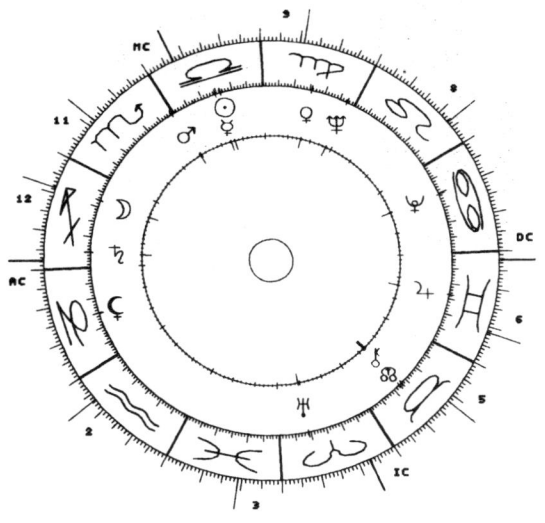

Abb. 12: Ofelia

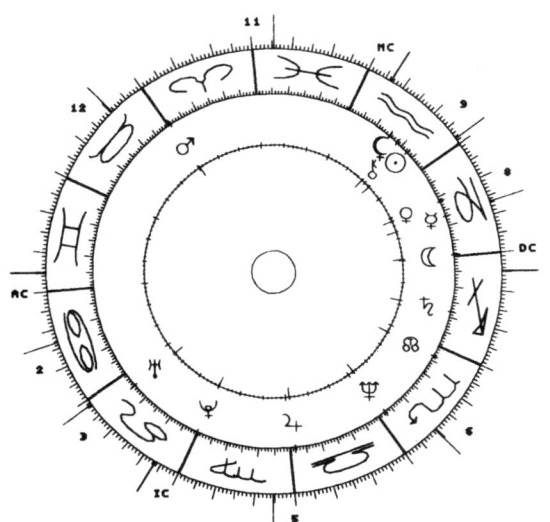

Abb. 13: Harry

Konflikten im Umgang mit Frauen führen, die als kastrierende und aggressive Wesen erlebt werden.

Im Geburtsbild August Strindbergs befindet sich Lilith im Sextil zur Sonne. Der Autor ist nicht nur für seine Theaterstücke bekannt, sondern auch für seine Aversion gegenüber Frauen. Während seines ganzen Lebens bekämpfte er die weiblichen Emanzipationsbestrebungen, weil er Frauen intellektuell und moralisch den Männern unterlegen ansah. Seine Ablehnung des Weiblichen war so extrem, daß sie schließlich in Schizophrenie und Verfolgungswahn mündete. Lilith steht hier nicht nur im Aspekt zur Sonne, sondern ist durch die Konjunktion zum MC auch dominant. Der Mond steht bei Strindberg in Konjunktion zum Mars im 12. Haus. Es ist außerdem interessant, daß die psychischen Störungen und Anfälle von Verfolgungswahn sich zu der Zeit verstärkten (1894), als Strindberg in Paris lebte und einen autobiographischen Roman mit dem Titel *Hölle* schrieb. Der Schwarze Mond lief gerade im Transit in Konjunktion über seine Radixstellung. Am 14. Mai 1912 verstarb Strindberg an Krebs. Die laufende Lilith stand auf 27° 29' Steinbock, also in Konjunktion zur Geburtssonne.

Lilith in einer Winkelverbindung zur Sonne (oder zum AC) bringt den Betreffenden oft dazu, sich mit der Zurückweisung durch andere auseinandersetzen zu müssen. Dafür ist der Fall Giuseppinas ein treffendes Beispiel. Sie wurde in der Schweiz als Tochter sizilianischer Emigranten geboren. Die Kindheit in diesem Land war für sie eine schwere Zeit. In der Schule wollten ihre Mitschüler nichts mit ihr zu tun haben, und wegen ihrer dunklen Hautfarbe hänselten man sie und schimpfte sie »Negerin«. Eine Nachbarin warf ihr sogar Abfälle hinterher. Als erwachsene Frau verspürt Giuseppina in der Gegenwart von Fremden noch immer ein Unbehagen, sie hat das Gefühl, nicht in Ordnung zu sein. In ihrem Geburtshoroskop steht Lilith im 4. Haus, dem Bereich der Kindheitserfahrungen, im Quadrat zur Sonne im 1. Haus, welches uns zeigt, wie die Anderen uns sehen. Pluto und Uranus in Konjunktion zum AC unter-

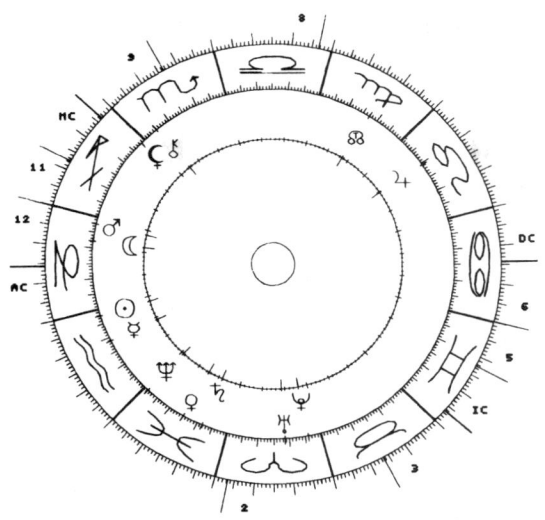

Abb. 14: August Strindberg

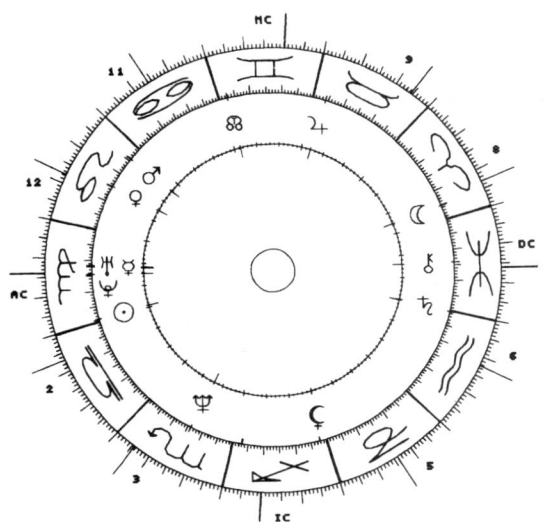

Abb. 15: Guiseppina

57

streichen das Anderssein und können bei den Mitmenschen oder im Umfeld ebenfalls eine Abwehrhaltung hervorrufen. Neptun im 3. Haus (das u.a. die Nachbarn symbolisiert) und im Quadrat zur Venus führen wieder zum gleichen Problem, nämlich der unausgesprochenen und unterschwelligen Ablehnung durch die Nachbarn.

Lilith in Verbindung mit dem Mond ist der Auslöser für eine Verneinung der weiblichen Rolle als Lebensspenderin und Mutter. Die Geborene wird sich vielleicht weigern, ihr Kind zu pflegen und zu erziehen, oder es ihm an Geborgenheit und Wärme mangeln lassen. Manchmal will eine solche Frau ihr Kind auch nicht stillen.

In Cesiras Horoskop steht Lilith im Skorpion, dem Zeichen ihrer Erhöhung und im Quadrat zum Mond. Venus bildet zudem einen Winkel von 90° zum AC. Die beiden weiblichen Planeten Mond und Venus weisen im Horoskop einer Frau unter anderem auf die Fähigkeit hin, durch Körperkontakt und durch das Stillen Wärme zu geben. In den Monaten nach der Geburt ihres Kindes litt Cesira sehr unter Rhagaden an den Brustwarzen, die ihr das Stillen unmöglich machten. Das Kind wurde nicht ausreichend ernährt und mußte schließlich zu einer Amme gegeben werden.

Vor einem Jahr beging in meiner Heimatstadt eine junge Frau von 22 Jahren Selbstmord. Sie war erst kurz vorher Mutter geworden. Nach Auskunft der Verwandten hatte sie während der Schwangerschaft und in den Wochen nach der Geburt an starken Depressionen gelitten. Sie wollte keinesfalls ein Kind haben, doch Ehemann und Familie sperrten sich gegen eine Abtreibung. Nach der Geburt der kleinen Tochter überließ sie die Pflege des Kindes den Angehörigen und versank immer mehr in ihrer Depression. Zwar ist mir das Geburtsdatum dieser Frau unbekannt, doch stand Lilith bei ihr höchstwahrscheinlich im Aspekt zum Mond, möglicherweise während der Kindbettzeit im Transit.

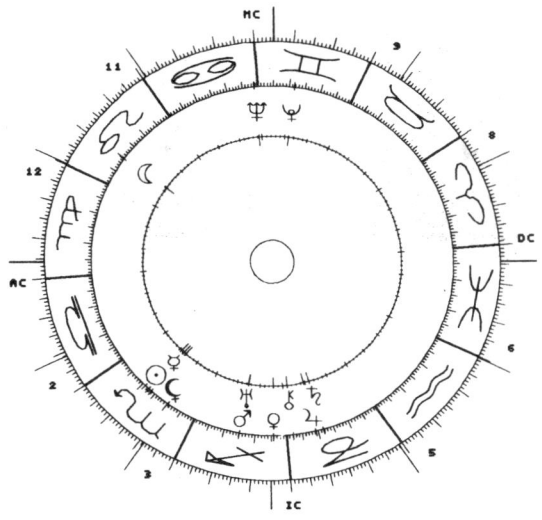

Abb. 16: Cesira

Der Schwarze Mond in Aspekt zum Mond kann aber auch die gegenteiligen Auswirkungen nach sich ziehen: um jeden Preis ein Kind haben zu wollen, es aber aufgrund physischer oder psychischer Störungen nicht zu bekommen. Gelegentlich liest man in der Zeitung von Frauen, die sich heimlich Zutritt in eine Geburtsklinik verschafft haben, um dort die Neugeborenen anderer Mütter zu rauben. Wenn sie entdeckt werden und das Kind zurückgeben müssen, so erklären sie zu ihrer Rechtfertigung meist, daß sie sich sehnlichst ein Kind wünschen, aber keines empfangen können. Es gibt aber auch die grausigen Meldungen über Neugeborene, die in Abfalleimern gefunden werden. Beide gleichermaßen unmenschlichen Verhaltensweisen entsprechen der Typologie von Lilith in Kontakt zum Mond.

Bei beiden Geschlechtern sind Winkel zwischen Lilith und Mond Indikatoren für eine Zurückweisung durch die eigene Mutter beziehungsweise die Ablehnung dieser. Außerdem kann

59

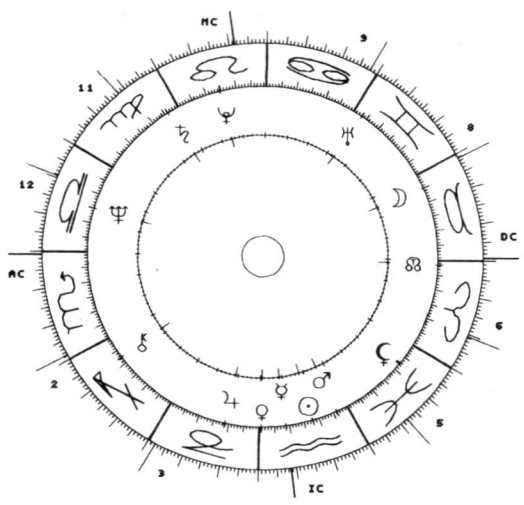

Abb. 17: Grazia

eine solche Konstellation auf ein zerstörerisches Verhältnis zur
Nahrungsaufnahme hindeuten (Bulimie oder Anorexie). Grazia
ist dafür ein gutes Exempel: Sie war ein lebhaftes, rundliches
Kind und die einzige Tochter, die nach dem vorausgegangenen
dramatischen Tod einer Schwester geboren wurde. Während
der Pubertät wurde sie anorektisch. Grazia hatte eine sehr an-
strengende Beziehung zu ihrer Mutter. Diese war ängstlich und
übermäßig fürsorglich, ständig um die Gesundheit des Kindes
besorgt, und versuchte, ihre Tochter durch Tränen und Vorwür-
fe an sich zu binden. Im Alter von ungefähr 20 Jahren entschloß
sich Grazia nach einer Liebesenttäuschung, als Laienschwester
in eine afrikanische Mission zu gehen, doch mußte sie krank-
heitsbedingt schon bald nach Italien und zu ihrer Mutter zurückkehren. Erst nach einer Psychoanalyse gelang es ihr im Alter von über 30 Jahren, das mütterliche Haus zu verlassen und
in eine eigene Wohnung zu ziehen. Intime Beziehungen zu
Männern hat sie immer abgelehnt und hält sich vom anderen

Geschlecht fern. Ihr Horoskop zeigt deutliche Verletzungen: die Sonne im 4. Haus steht in Opposition zu Pluto im 10. Haus, der Mond in Quadrat zu Mars. Die von Mars symbolisierte Aggressivität und Wut fügen Grazia durch die Eßstörungen körperlichen Schaden zu – in ihrer Jugend war sie bis auf Haut und Knochen abgemagert – und auch Lilith ist hier natürlich präsent, und zwar in einem Sextil zum Mond. Venus, das Symbol für Weiblichkeit, bildet ein Quadrat zum Aszendenten und zu den Mondknoten.

Im männlichen Horoskop steht die Lilith/Mond-Kombination für Ängste und blockierende Gefühle den Frauen gegenüber und für die Verneinung des Weiblichen ganz generell. Die Frau wird gerne als Ursache für alle Übel dieser Welt angesehen (Pandora-Mythos). Dies wird auch von den Männern demonstriert, die ihrer Verachtung des weiblichen Geschlechts dadurch Nachdruck verleihen, daß sie die Frau auf den Platz am Herd verweisen und ihre eigene Ehepartnerin in die Hausfrauenrolle zwingen, ihr das Recht auf eine eigene Meinung absprechen und überhaupt der Ansicht sind, Frauen hätten Kinder zu gebären und sonst zu schweigen.

In Frauenhoroskopen kann diese Konstellation, ähnlich wie eine Winkelstruktur mit der Sonne, einen Dianakomplex hervorrufen. Freud schreibt diesen Komplex jenen Frauen zu, die ihre Weiblichkeit ablehnen (d.h. das traditionelle Bild der Frau als Mutter und Partnerin des Mannes), die lieber ohne Mann an ihrer Seite leben und zudem auch männliche Verhaltensweisen an den Tag legen.

Der planetare Kontakt Mond/Lilith ist außerdem auch in den Geburtsbildern Homosexueller vorhanden, die unbewußt ihre Mutter hassen. Lucrezia heißt eigentlich Carlo: er ist Transvestit und lebt in der Illusion, eine Frau zu sein. Seine Mutter, eine psychisch kranke Prostituierte, hatte in ihrem Delirium zweimal versucht, den kleinen Sohn zu töten. Dieser wurde durch seine Nachbarn gerettet, die von den Schreien des Kindes alarmiert worden waren. Die Mutter wurde

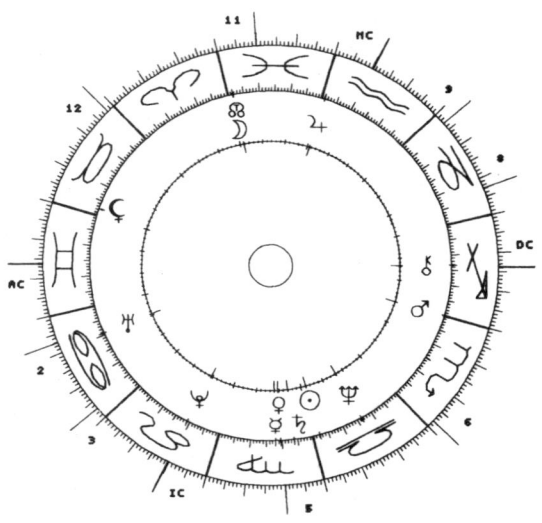

Abb. 18: Lucrezia

schließlich in ein psychiatrisches Krankenhaus eingewiesen, und Carlo kam ins Waisenhaus. Dort wurde er das Opfer sexuellen Mißbrauchs. In seiner Jugend prostituierte sich Carlo als Lucrezia in Frauenkleidern am Straßenrand und ahmte so seine Mutter nach. Der Schwarze Mond steht bei ihm im Sextil zum Mond (die Mutter) und in Opposition zum Mars (erlittene Gewalt). Venus befindet sich in Quadrat zum AC im zweideutigen Zeichen der Zwillinge. Diese Konstellation weist darauf hin, daß Carlo als Frau erscheinen und somit sein wollte, was er nicht war – er trug Frauenkleider, schminkte sich und versuchte, seine Stimme so melodisch wie möglich klingen zu lassen.

Der Schwarze Mond im Aspekt zu Merkur erzeugt Schwierigkeiten in der Kommunikation, der Winkel birgt eine Tendenz zum Rückzug ins eigene Selbst, in die eigene Gedankenwelt und damit zur Entfremdung von den anderen. Federico Capone

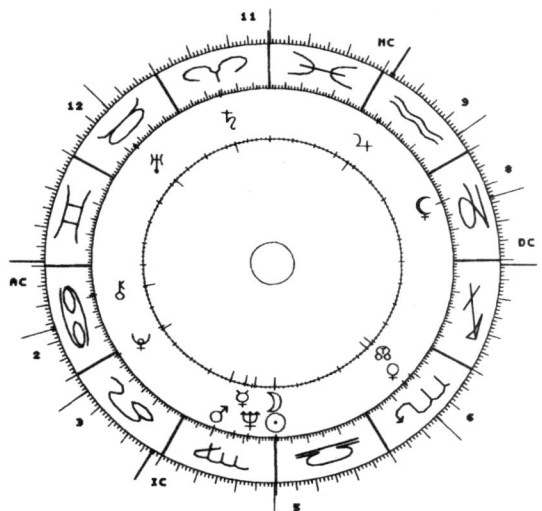

Abb. 19: Romy Schneider

spricht in seinem Buch über den Schwarzen Mond[17] »von einem lebhaften, aber beunruhigenden Geist, ähnlich einem Auto, das mehr leistet, als es seiner Konstruktion entspricht.« Er erwähnt auch, daß eine Verletzung Merkurs durch Mars, Saturn, Neptun oder Pluto und seine Verbindung zum 8. Haus ernste psychische Probleme zur Folge haben könnte, seien es Selbstmordgedanken oder eine Lähmung der geistigen Fähigkeiten.

Das Geburtsbild von Romy Schneider zeigt den Schwarzen Mond im 8. Haus, im Trigon zu Merkur, wobei dieser in Konjunktion zu Neptun und in nur geringer Entfernung von Mars steht. Die strahlende Schauspielerin wurde vom Leben hart geprüft; der dramatische Tod ihres Sohnes (Merkur) war schließlich der Grund für die akute Depression, die ihren Selbstmord auslöste.

17 Federico Capone, *Luna Nera - Lilith: Una Chiarificazione Tra I Due Significati* (Turin: Edizioni Capone, 1978) p. 37.

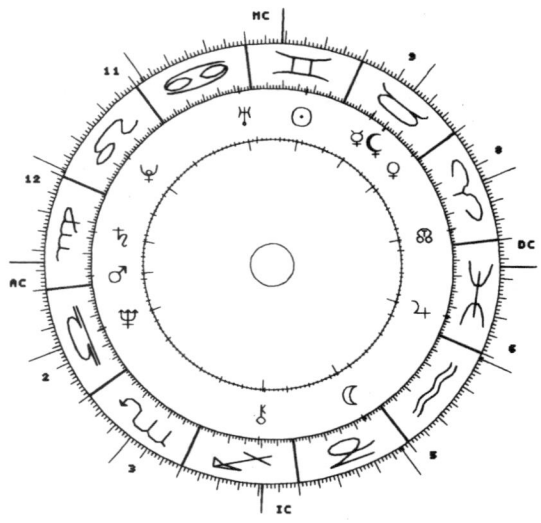

Abb. 20: Marianne Bachmeier

Merkur in Verbindung zum Schwarzen Mond ruft ferner fixe Ideen hervor, die durch den Verstand nicht mehr zu kontrollieren sind. Im Horoskop von Marianne Bachmeier steht Lilith in Konjunktion zu Merkur und im Quadrat mit Pluto. Sie erschoß den Mörder und Vergewaltiger ihrer Tochter während der Gerichtsverhandlung und brachte damit ihre fixe Idee zur Ausführung, die während des Wartens auf den Prozeß allmählich gereift war.

Lilith in einer Winkelverbindung zu Venus erinnert an das Bild der Domina in schwarzer Lederkleidung mit der Peitsche in der Hand. Dieses »Metier« wird erst ermöglicht durch die innere Verachtung des männlichen Geschlechts, das im Grunde erniedrigt und mißhandelt werden soll. Aber auch eine Frau, die um jeden Preis verführen will, um den Mann schließlich durch ein Nein zu demütigen, weist für mich eine Analogie zu Lilith/ Venus auf.

Mir sind zwei Fälle dieser Art bekannt: einmal handelt es sich um eine Frau mit Lilith in Konjunktion zu Venus und Neptun. Sie erzählte, daß sie in ihrer Jugend eine anständiges Mädchen gewesen sei und nie ihre Gunst verschenkt habe. Sie habe aber gern mit ihrem Liebreiz gespielt, habe vieles zu verstehen gegeben und mit ihren Verehrern geflirtet. Sobald jedoch einer von ihnen sich weiter vorwagte und mit ihr schlafen wollte, habe sie sich indigniert zurückgezogen und darauf verwiesen, daß sie anständig sei und man sie offenbar mißverstanden habe.

Im zweiten Fall handelt es sich um eine Opposition: die Horoskopeignerin erzählte mir Ähnliches wie oben, doch kam es bei einem ihrer Spiele zu physischer Gewaltanwendung. Mars steht hier in Konjunktion zu Lilith und in Opposition zu Venus. Frauen mit Verknüpfungen von Lilith und Venus leiden außerdem häufig an gynäkologischen Erkrankungen (wie auch bei Lilith/Mond Aspekten): Vaginismus, Eierstockentzündungen, Fibrome usw.

Bei männlichen Geborenen mit Lilith/Venus-Konstellationen (ebenso wie auch beim Aspekt Lilith/Mond) treffen wir oft auf die strikte Weigerung, Frauen als den Männern ebenbürtig zu betrachten, sie als Geliebte zu akzeptieren, oder wir finden eine Einstellung vor, die Frauen nur zu Sexualobjekten reduziert.

In der Frauenzeitschrift Marie Claire (Nr.12/92) las ich den Bericht eines Mannes über seine Beziehungen zum anderen Geschlecht. Ich möchte daraus zitieren, weil mir die von ihm aufgezählten Elemente typisch für die Lilith-Venus Eigenschaften erscheinen:

Meine Affären dauern selten länger als 14 Tage, zwischendurch bin ich schon eine Weile abstinent. Aber so etwa nach 3 Wochen merke ich dann: Mensch, ich brauche eine Frau. Dann schlafe ich mit einer Ex-Freundin oder einer neuen Eroberung. Mittlerweile bin ich etwas ziviler, aber in meiner Sturm-und-Drang-Zeit bin ich pro Woche mit 2 oder 3 Mädchen ins Bett gegangen. Mein Problem ist: Wenn ich einmal mit einer Frau geschlafen habe, verliere ich das Interesse an ihr. (...) Ich hatte

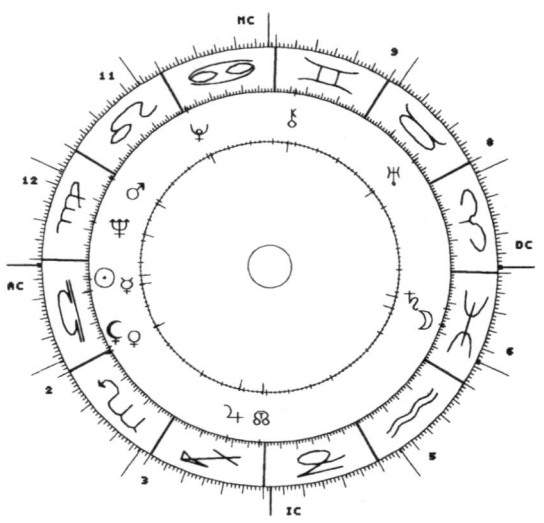

Abb. 21: Silvio Berlusconi

schon One-night-stands, weil ich den Mädchen weismachte, daß sie für mich was ganz Spezielles sind. Ich erzähle ihnen dann, wie toll und entspannt ich mich fühle. Nach ein paar Drinks sehne ich mich eben nach Wärme und Sex. Aber am nächsten Tag, du lieber Himmel, will ich bloß noch weg. Ich glaube schon, daß in meinem Leben etwas fehlt. Ich durchlebe immer wieder die gleichen Muster.

Lilith/Venus-Winkel treten auch bei Männern auf, welche die Darstellung des weiblichen Körpers in Werbung, Film oder Pornographie ausbeuten: Im Horoskop von Silvio Berlusconi, dem König der privaten Fernsehsender Italiens, die für nächtliche Striptease-Sendungen und großbusige Filmsternchen bekannt sind, steht Venus im 2. Haus und in Konjunktion zu Lilith. Das Gleiche gilt für die Frauen, deren Körper im Showbusiness »Verwendung« finden. Ein typischer Fall hierfür dürfte Marilyn Monroe mit Venus in Trigon zum Schwarzen Mond sein (siehe Abb. 37, Seite 85). Sie machte wegen ihres Sex-

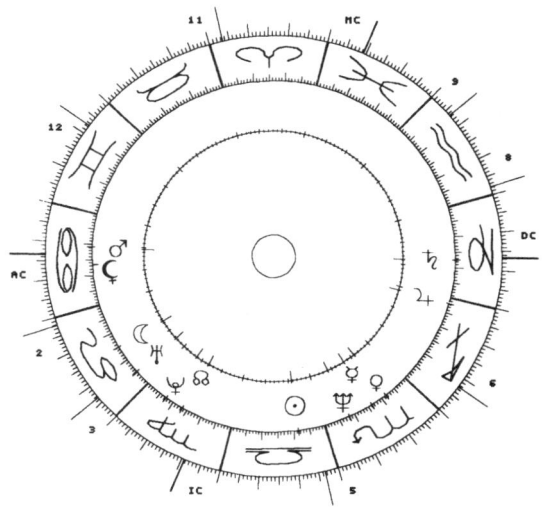

Abb. 22: Roberta

Appeals Karriere und mußte oft die Rolle der dummen Gans spielen. Das schauspielerische Talent dieses Filmstars wurde dabei nicht erkannt oder unterbewertet. Dies war ihr Verhängnis – sie geriet in eine Depression und beging schließlich Selbstmord.

Lilith in Kontakt zu Mars ist mir in den Horoskopen von Frauen begegnet, die als Kinder einem Inzest zum Opfer fielen. Im Geburtsbild von Roberta steht der Schwarze Mond in Konjunktion zum Mars am AC und in Opposition zu Saturn am Deszendenten und bildet auch noch ein Trigon zu Merkur im 5. Haus (das Haus der Sexualität). Im Alter zwischen 9 und 12 Jahren wurde Roberta vom Großvater (Saturn) mißbraucht (Mars: sexuelle Gewalt). Als erwachsene Frau litt sie beim Geschlechtsverkehr jahrelang an Asthmaanfällen. Bei Irene hingegen steht Lilith im Quadrat zu Mars, und dieser wiederum auf der Spitze des 5. Hauses. Sie hatte als Jugendliche eine inzestuöse Beziehung mit ihrem Bruder.

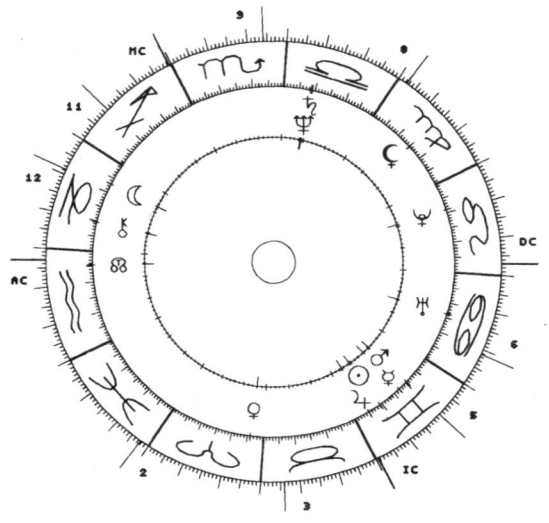

Abb. 23: Irene

Ähnlich wie bei der Winkelbeziehung Sonne-Lilith ist auch bei Mars-Lilith zu beobachten, daß die Horoskopeignerinnen häufig männliche Verhaltensweisen an den Tag legen, oder daß sich ihre Wut auf Männer in einer aggressiven und kastrierenden Einstellung Ausdruck verschafft.

In männlichen Horoskopen drücken diese Konstellationen entweder eine Ablehnung des eigenen Mann-Seins aus oder führen zum gegenteiligen Extrem, nämlich einer Verherrlichung und einer narzistischen Überbetonung der Männlichkeit.

Im Geburtsbild von Pier Paolo Pasolini befindet sich Lilith am AC und im Quadrat zu Mars. Pasolini fühlte sich vor allem von sehr jungen Männern angezogen, die meist aus den ärmsten Stadtvierteln Roms stammten. Eine dieser Beziehungen wurde dem Filmregisseur zum Verhängnis. Er wurde von einer Zufallsbekanntschaft brutal ermordet.

Simone de Beauvoir hatte den Schwarzen Mond im Trigon zu Mars. Es ist bekannt, daß die Schriftstellerin ihr ganzes Leben

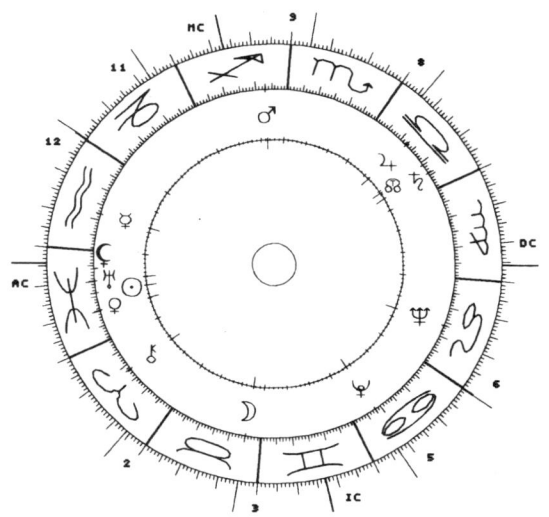

Abb. 24: Pier Paolo Pasolini

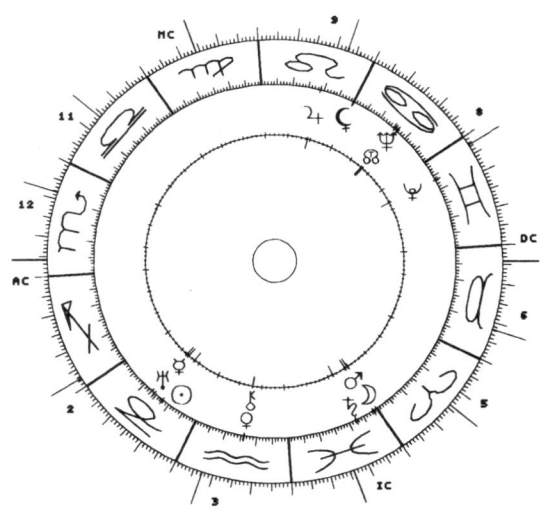

Abb. 25: Simone de Beauvoir

69

lang für die Rechte der Frauen gekämpft hat. Lilith wirkte sich durch Mars verstärkt auf ihre Beherztheit, ihre Begeisterungsfähigkeit und ihren Kampfgeist aus. Sie forderte ihre Geschlechtsgenossinnen auf, Mut zu zeigen: »Wir dürfen nicht zögern, nach den sogenannten männlichen Qualitäten zu greifen! Viele davon sind ganz einfach menschliche Qualitäten, die auch uns Frauen zustehen.«[18]

Lilith im Aspekt zum Aszendenten ist ein Zeichen des Andersseins und findet sich oft in den Horoskopen homosexuell veranlagter Menschen (Pasolini, Lucrezia). Der Winkel signalisiert den Mut, den eine sehr unbequeme Form des Geschlechtslebens erfordert, die den Betreffenden häufig der Ablehnung und der Verachtung durch sein soziales Umfeld aussetzt. Planeten im Winkel zum AC üben immer einen starken Einfluß auf die Persönlichkeit des Geborenen aus. Ebenso verhält es sich mit Lilith: Charakter und Schicksal unterliegen ihrem Einfluß, indem entweder bestimmte Wesenszüge betont werden oder die Handlungsweise an das Prinzip des Schwarzen Mondes erinnert.

Vor einiger Zeit habe ich in Basel ein Seminar über »*Lilith, den Schwarzen Mond*« gehalten. Zwei Wochen später erhielt ich den Anruf einer Frau, die mich um einen Termin für die Interpretation ihres Geburtshoroskopes sowie eine Beziehungsanalyse bat. Sie selbst hieß Lilith und hatte an dem Seminar nur teilgenommen, um etwas über die Herkunft und Geschichte ihres Namens zu erfahren. Ich erwartete natürlich, den Schwarzen Mond in prominenter Position vorzufinden, denn dieser Name konnte kein reiner Zufall sein. Wie aus Abbildung 26 ersichtlich wird, steht der Schwarze Mond bei 0° 10' Skorpion und bildet ein Trigon zum Aszendenten und zur Sonne sowie ein Sextil zu Mars und ein Quadrat zu Venus. Zum Zeitpunkt der Verabredung war ich bereits überaus gespannt auf die Geschichte dieser Frau. Was sie mir dann erzählte, war in seiner Analogie zum Lilith-Mythos

18   Zitat aus Brigitte Kalender 1993.

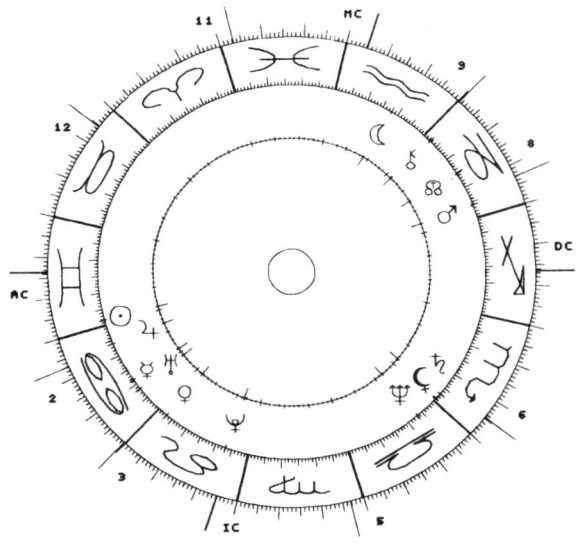

Abb. 26: Lilith

wirklich verblüffend: Meine Klientin wurde in Marokko geboren und wuchs in Israel in einer patriarchalisch strukturierten
Familie auf. Ihre Großmutter väterlicherseits hörte auf den Namen Luna. Bereits als ganz junges Mädchen spürte Lilith in sich
eine unterdrückte Wut, wenn sie beobachtete, wie in ihrer Familie und in der Gesellschaft, in der sie lebte, die Frauen behandelt
wurden - als die dem Mann und Herrscher Untergebenen. Lilith
lehnte sich gegen ihre Familie auf und flüchtete nach Europa.
Hier gestalteten sich ihre Beziehungen zum anderen Geschlecht
äußerst schwierig. Sie heiratete einen Mann von autoritärem und
gewalttätigem Charakter. (In seinem Geburtshoroskop ist die
dominante Konstellation Sonne am AC in Opposition zu Mars
am Deszendenten). Nach einigen Jahren gelang es Lilith, sich von
ihrem Gatten zu trennen. Ihre Meinung über das männliche Geschlecht war damals denkbar schlecht – bis sie Paul kennenlernte,

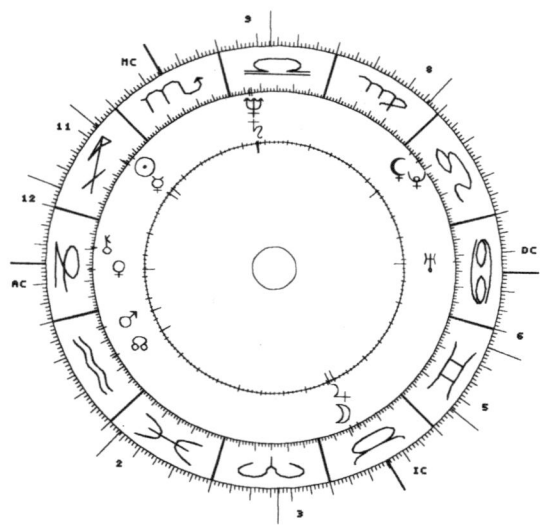

Abb. 27: Paul

ihren jetzigen Partner, mit dem sie auch zur Beratung gekommen war.[19] Im Horoskop dieses Mannes steht Mars im Sextil zur Sonne, er lebt seine Männlichkeit auf sehr harmonische Art und Weise. Lilith erzählte, daß sie durch ihn schrittweise mit dem männlichen Geschlecht Frieden schließen und an den Männern auch gute Eigenschaften entdecken konnte, die weit entfernt waren von der Gewalt und Unterdrückung, die sie in ihrer Kindheit und später in ihrer Ehe kennengelernt hatte. Und außerdem befindet sich in Pauls Horoskop der Schwarze Mond im 7. Haus, welches die Eigenschaften des Wunschpartners spiegelt! Lilith erwähnte auch, daß sie manchmal, gelegentlich sogar mit offenen Augen, von einer wütenden Dirne träumt, die die Männer verflucht.

19 Ich habe die Geschichte dieses Paares und sein Beziehungshoroskop in meinem Buch *Liebesbeziehungen im Horoskop* (Freiburg: Ebertin Verlag, 1993) behandelt, allerdings unter dem Namen Lidia, da ich in diesem Kontext nicht näher auf das Thema Lilith eingehen wollte.

Der Einfluß Liliths
im weiblichen Horoskop

Mit einer Transitdauer von neun Monaten durch jedes Tierkreiszeichen steht der Schwarze Mond ganz offensichtlich in Verbindung zur Schwangerschaft und zum Menstruationszyklus. Wie wir aber bereits gesehen haben, ist sein Einfluß nicht gerade ein günstiger. Im Altertum versuchten Schwangere und Wöchnerinnen sich durch das Tragen von Amuletten und durch bestimmte Rituale vor dem Eingriff Liliths zu schützen. Die in der Vergangenheit hohe Kindersterblichkeit und die beträchtliche Anzahl der Todesfälle bei der Geburt wurde traditionell also damit erklärt, daß Adams erste Frau die Kinder raubte und die gebärende Mutter tötete.

In der modernen Astrologie findet Lilith in den Horoskopen von Frauen mit gynäkologischen Problemen Beachtung, wie z.B. bei schmerzhaften Menstruationsblutungen, Dysfunktionen der Eierstöcke, Unfruchtbarkeit, Neigung zu starken Blutungen, Brust- und Unterleibstumoren sowie Komplikationen bei der Schwangerschaft. Außerdem ist Lilith bei Frauen präsent, die abgetrieben haben, zu Fehlgeburten neigen, oder aber Opfer einer Vergewaltigung waren, welche eine ungewollte Schwangerschaft nach sich zog. Hierzu einige Beispiele:

Während eines Astrologiekongresses im Jahre 1989 in Madrid stellte eine Gruppe junger spanischer Astrologen (EL BOING) eine interessante Hypothese auf. Ihr Vortrag trug den Titel »Die weibliche Trinität in der Astrologie« und hatte zum Inhalt, daß die weibliche Dreifaltigkeit nach der kabbalistischen Tradition aus Lilith, Eva und Maria bestehe. Maria wird mit dem Mond und seiner Umlaufbahn identifiziert, Eva mit der Erde und Lilith mit dem zweiten Brennpunkt der Mondellipse. Die Konjunktion zwischen Lilith und Mond bezeichnet diese Astrologengruppe als »Punkt Maria« und untersucht im Leben ihrer Klientinnen jene Zyklen, die ihren Ausgang von den verschiedenen Konjunktionen nehmen. Diese Astrologen sind der Ansicht, daß der Mond mit seinen Zyklen die beiden Aspekte von Lilith und Eva in sich vereinigt: Von Neumond bis Vollmond herrscht der Eva-Aspekt, der schöpferische Tätigkeit im Aufbauen und Erschaffen symbolisiert, während die Zeit von Vollmond bis Neumond den Lilith-Aspekt darstellt, dem das Schaffen von Neuem durch Zerstörung entspricht.[20]

Da Lilith etwa neun Monate lang in einem Tierkreiszeichen verbleibt, tritt der Mond neunmal mit ihr in Konjunktion und legt so neun Punkte in unserem Leben fest, die entsprechend dem Zeichen und dem Haus, in dem sie auftreten, bewertet werden müssen. El Boing legte auch eine Statistik vor, derzufolge die Anzahl der Abtreibungen dann zunimmt, wenn Lilith sich in den letzten Graden eines fruchtbaren Zeichens befindet.

Mir selbst ist aufgefallen, daß die erste Monatsblutung in der Pubertät oft von Transitaspekten Liliths mit den weiblichen Planeten Venus und Mond begleitet wird. Damit beginnt für das Mädchen ein neuer Lebensabschnitt, nämlich die weibliche Fruchtbarkeit. Die gleichen Konstellationen zeigen sich häufig auch beim Eintritt der Menopause, während dieser viele Frauen auch an Depressionen leiden, die auf hormonelle Störungen und auf das Wissen um das Ende ihrer Fruchtbarkeit und somit des Jungseins zurückgeführt werden.

Im Horoskop meiner Mutter stand Lilith zum Zeitpunkt meiner Geburt exakt auf der Mond/Mars-Konjunktion ihres Radixhoroskops. Der gleiche Aspekt wiederholte sich am Anfang der Wechseljahre, als auch die meisten Beschwerden auftraten

20   Grazia Mirti, Lilith-Seminar, Turin 1991.

(Wallungen, Depressionen, Neuralgien). Meine Geburt verlief sowohl für meine Mutter als auch für mich sehr traumatisch: damals waren Hausgeburten üblich; die betagte Hebamme hielt sich für wesentlich kompetenter und erfahrener als ein Arzt und weigerte sich, einen Geburtshelfer zu rufen, als Komplikationen auftraten. Sie hatte meine Steißlage nicht erkannt und verhielt sich wie bei einer normalen Geburt. Somit ging kostbare Zeit verloren. Als schließlich nicht der Kopf, sondern das Gesäß zuerst durchtrat und meine Mutter bereits das gesamte Fruchtwasser verloren hatte, zog die Hebamme mich gewaltsam aus dem Geburtskanal. Dadurch kam es zu einer starken Senkung der Gebärmutter, und beinahe zu einem Bruch meiner Wirbelsäule. (In meinem Radixhoroskop steht Lilith in Steinbock im 6. Haus). Bei späteren Untersuchungen wurde auch Sauerstoffmangel unter der Geburt diagnostiziert, an dessen Folgen ich als Kind in Form von neurologischen Störungen sehr zu leiden hatte.

Meine Mutter mußte sich mehreren Operationen am Uterus unterziehen, und schließlich kamen die Ärzte zu der Auffassung, daß sie nach dieser schwierigen Geburt keine weiteren Kinder mehr haben dürfe. In ihrem Geburtshoroskop steht Lilith in Konjunktion zur Jungfrau-Venus. Ich selbst habe im Radix keine Aspekte zwischen dem Schwarzen Mond und den Planeten, doch befindet sich Lilith im Haus der Gesundheit. Das Geburtstrauma spiegelt sich auch in den Konstellationen wider: Uranus steht noch im 12. Haus, aber in Konjunktion zum Aszendenten und in Opposition zu Merkur im 6. Haus (neurologische Störungen und zahlreiche Krankenhausaufenthalte in der Kindheit), beide Planeten befinden sich im Quadrat zum Mond im 4. Haus.

Bei der Geburt meines Sohnes hatte ich einen Lilith-Transit (in den Zwillingen) im Quadrat zu meiner Radix-Venus in den Fischen. Auch diese Geburt verlief nicht ohne Komplikationen. Montag, den 28. Juli 1986 um 6 Uhr platzte die Fruchtblase, doch mein Sohn kam erst zwei Tage später am 30. Juli um 18^h41 zur Welt. Der Muttermund wollte sich nicht öffnen – schließlich wurde die Öffnung künstlich herbeigeführt. Während

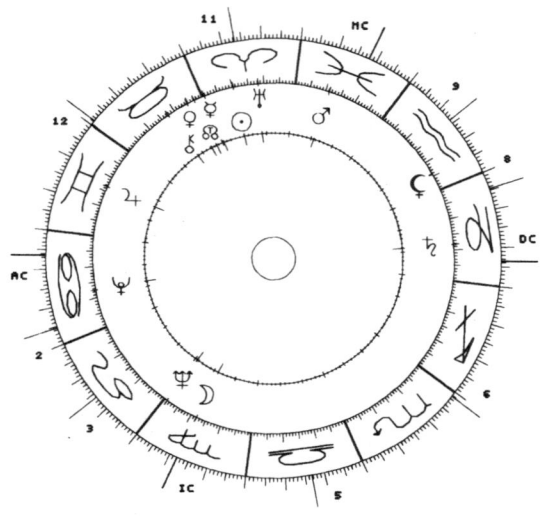

Abb. 28: Miretta

dieser langen Wartezeit geriet etwas Fruchtwasser in die Lunge
des Kindes, und Tobias mußte nach der Geburt wegen einer
Lungeninfektion sofort in eine Kinderklinik gebracht werden.
Dadurch mußten wir beide auf den so wichtigen postnatalen
Hautkontakt verzichten.

Der Einfluß Liliths zeigt sich auch deutlich bei Frauen mit
gynäkologischen Erkrankungen. Das Geburtshoroskop Mi-
rettas weist ein Quadrat zwischen Venus und Lilith auf. Der
Mond steht in Konjunktion zum IC, ist also dominant, und im
90°-Winkel zu Jupiter. Die Sonne bildet ein Quadrat zu Pluto
im 1. Haus (Pluto und Mars sind Herrscher des 5. Hauses, der
Entsprechung für Kinder). 1943, im Alter von 13 Jahren, litt
Miretta an Unterleibstyphus und schwebte längere Zeit zwischen Leben und Tod. Zwar konnte sie wieder genesen, doch sie
blieb infolge der starken Entzündungen unfruchtbar. Bei Ausbruch der Krankheit im Juni 1943 stand die dreifache Konjunktion Lilith/Jupiter/Pluto in Transitopposition zur Radix-Lilith

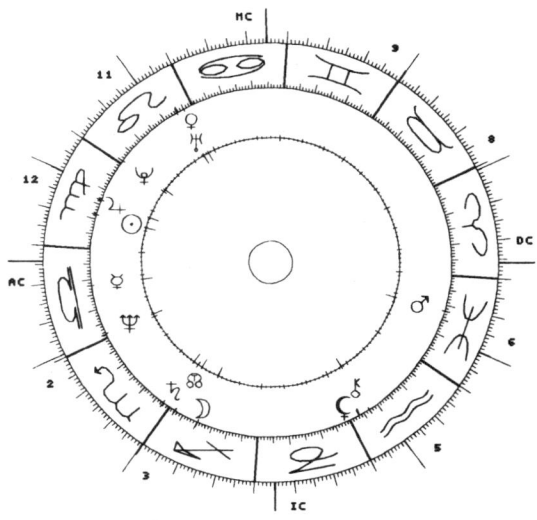

Abb. 29: Maria

und im Quadrat zur Venus. Miretta wurde ein hübsches und sehr begehrtes Mädchen, doch alle Verehrer flüchteten, sobald sie erfahren hatten, daß sie keine Nachkommen mehr bekommen könne. Sie ist eine mütterliche Frau und geht liebevoll mit den Kindern von Nachbarn, Freunden oder Verwandten um. Ihre mütterliche Seite wird im Geburtshoroskop vom Krebsaszendenten repräsentiert, ebenso von Venus im Stier und dem dominanten Mond. Die Krankheit und die daraus resultierende Unfruchtbarkeit hinderte Miretta nicht nur daran, Mutterglück zu erleben, sondern brachte ihr außerdem auch noch einige Enttäuschungen in der Liebe ein.

Bei Maria steht Lilith nahe an der Spitze des 5. Hauses in Opposition zur Venus, die sich zudem in enger Konjunktion zu Uranus befindet. Maria wurde mit 13 Jahren schwanger, wollte nicht abtreiben und brachte schließlich einen Jungen zur Welt. Dadurch war ihre Jugend zerstört, sie mußte ihre Ausbildung abbrechen und arbeiten, um sich und ihr Kind durchzubringen.

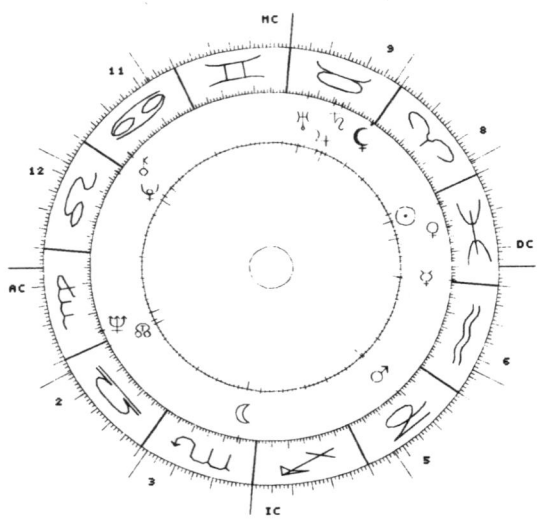

Abb. 30: Gabi

Zur Zeit von Empfängnis und Schwangerschaft lief Lilith im Transit über die Venus/Uranus-Konjunktion und stand damit in Opposition zu ihrer eigenen Radix-Position.

Gabi hatte eine Totgeburt. Zur Zeit ihrer zweiten Schwangerschaft gab es noch keine Echographie. Obwohl der Geburtstermin bereits um eine Woche überschritten war, wollten die Ärzte noch keinen Kaiserschnitt vornehmen und warteten darauf, daß die Geburt auf natürliche Weise verlaufen sollte. Als sie sich endlich zum Eingreifen entschlossen, war das Kind bereits tot. Nach Aussage der Ärzte war die Plazenta zu klein und das Kind erstickte darin. Dies wurde auf einen anatomischen Defekt zurückgeführt. Ihr erstes Kind war als Frühgeburt von sieben Monaten zur Welt gekommen und gerade dadurch dem Erstikkungstod entgangen. Die Transite zum Radix von Gabi zeigen 1970, als dieses Kind im Mutterleib verstarb, den laufenden Schwarzen Mond (3° Löwe) im Quadrat zur Radix-Lilith und in Konjunktion zu Pluto.

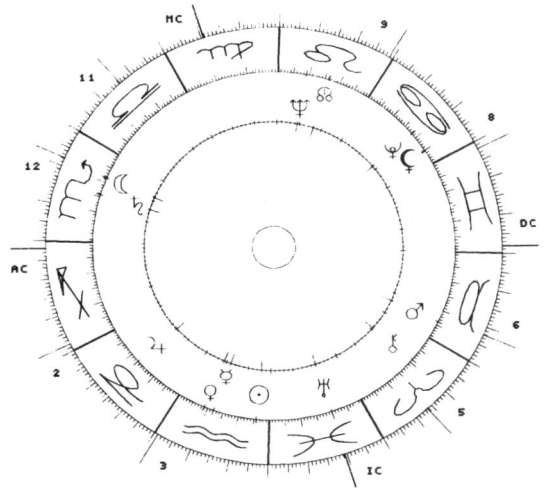

Abb. 31: Gabriella

Bei Gabriella liegt im Geburtshoroskop ein Mond mit sehr vielen, vor allem spannungsgeladenen Aspekten vor: Mond in Skorpion, fast im 12. Haus, in Konjunktion zu Saturn, im Quadrat zu Venus und Merkur, in Opposition zu Mars und im Quadrat zum nördlichen Mondknoten, im Trigon mit Pluto und im Sextil zu Jupiter. Venus steht in Quadrat zu Mars, Lilith im 8. Haus befindet sich beinahe in Konjunktion mit Pluto. Gabriella war während ihres gesamten aktiven Sexuallebens frigide. Im Alter von 62 Jahren wurde bei einer Routineuntersuchung ein Brusttumor festgestellt. Die Operation konnte rechtzeitig erfolgen. Zur Zeit, als der Tumor auftrat, stand die transitierende Lilith in Konjunktion zur Geburts-Lilith und zu Pluto.

Cinzia hat den Schwarzen Mond im 6. Haus (Gesundheit) im Steinbock mit einer Opposition zur Krebs-Sonne. Der Mond steht in Konjunktion zu Jupiter und Pluto sowie im Quadrat zu Saturn. Cinzia hatte in ihrem Leben immer wieder mit gynäkologischen Problemen zu kämpfen und zwei Abtreibungen vorneh-

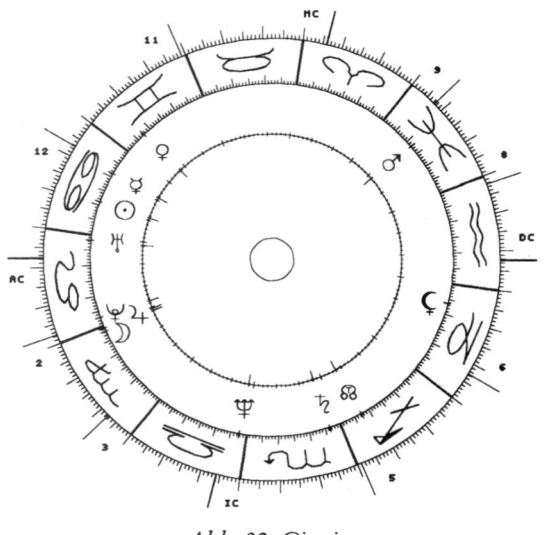

Abb. 32: Cinzia

men lassen. Ende März 1993 gelangte der transitierende Schwarze Mond in Konjunktion zum Mars im 8. Haus, ins Quadrat zu Venus und in ein Trigon zur Sonne. Damals diagnostizierten die Ärzte Gebärmutterkrebs. Da der Krebs sich an einer leicht zu entfernenden Stelle des Uterus befand, sind ihre Aussichten auf eine Heilung gut. (Schwarzer Mond im Trigon zur Sonne).

Verena litt jahrelang darunter, keine Kinder empfangen zu können. Während einer Beratung erzählte sie mir, daß der Grund dafür jedoch nicht bei ihr zu suchen sei. Untersuchungen hätten ergeben, daß ihr Mann steril sei. In diesem Geburtsbild ist der Schwarze Mond dominant durch die Konjunktion zum Deszendenten, und durch das Quadrat zum IC. Dadurch ist der Einfluß Liliths sehr ausgeprägt. Das Leid um die so heiß ersehnte Schwangerschaft ist als Ausdruck des Lilith-Prinzips sowie des Quadrats Venus-Saturn zu werten. Der Schwarze Mond an der Spitze des 7. Hauses zeigt deutlich, daß die Ursache für diesen Mangel mit der Wahl des Partners zusammenhängt.

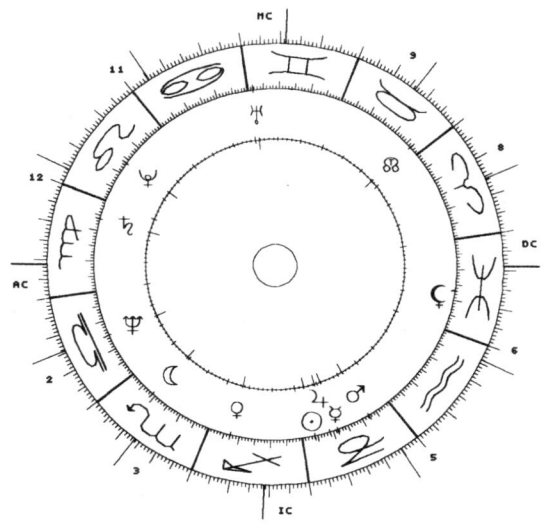

Abb. 33: Verena

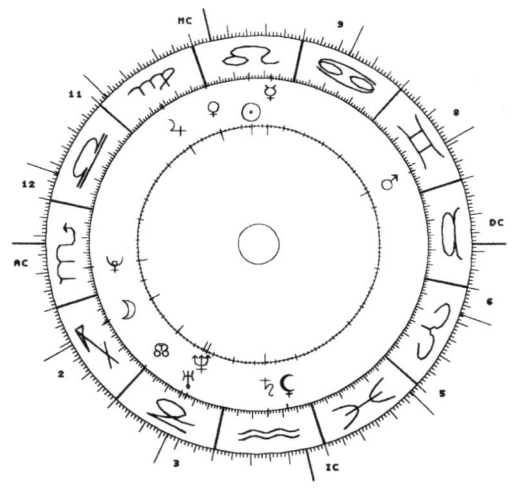

Abb. 34: Julia

81

Julia war ein kleines Mädchen, das mit nur einer Lunge zur Welt kam. In ihrem Radixhoroskop steht das 8. Haus (Tod) in den Zwillingen (Atmungsorgane) und beherbergt einen Mars, der in Opposition zum Mond steht (Kindheit). Vier Monate nach ihrer Geburt starb Julia in den Armen ihrer Mutter. An ihrem Todestag, dem 9. Dezember 1992, befand sich Lilith im Transit auf 5° 55' Fische und bildete ein Quadrat zu Mars und Mond im Radix. Ihr Sterben verlief sanft und schmerzlos, im Schutz der mütterlichen Geborgenheit. Jupiter war im Transit auf 10° 56' Waage und stand im Sextil zum Geburtsmond und zu seiner eigenen Grundposition. Im Horoskop der Mutter bildete die transitierende Lilith ein Sextil auf die Radixposition.

Als Laila, die Mutter von Riccardo im zweiten Monat schwanger war, drohte ihr die Gefahr, den Fötus zu verlieren. Sie mußte für einige Monate liegen, um das Leben des ungeborenen Kindes zu retten. Im zweiten Schwangerschaftsmonat stand Lilith auf 12° Jungfrau, lief in Konjunktion über den Radix-Saturn und bildete eine Opposition zur Geburtsvenus. Im Geburtshoroskop von Riccardo weist der Schwarze Mond in Konjunktion zum Uranus im 12. Haus auf das erlebte Trauma und auf die akute Lebensgefahr hin. Der kleine Riccardo war gerade knapp drei Monate alt, als er Gefahr lief, plötzlich zu sterben. Die Mutter rettete ihn, indem sie ihn an den Füßen hochhob und schüttelte. Zu diesem Zeitpunkt stand Lilith auf 14° 46' Waage in Konjunktion zum Aszendenten und im Trigon zum nördlichen Mondknoten.

Die Schauspielerin Marilyn Monroe kannte ihren Vater nicht und verlor auch früh schon ihre Mutter, da diese in eine psychiatrische Klinik eingewiesen werden mußte. Marylin wurde von anderen Ehepaaren in Pflege genommen und in einer dieser Familien vergewaltigte sie der Pflegevater. Damals (1939) war sie gerade erst 13 Jahre alt und wurde schwanger; um jedoch einen Skandal zu vermeiden, wurde sie von den Pflegeeltern dazu gezwungen, das Neugeborene zur Adoption freizugeben. Es ist allgemein bekannt, wie sehr der Filmstar später darunter gelit-

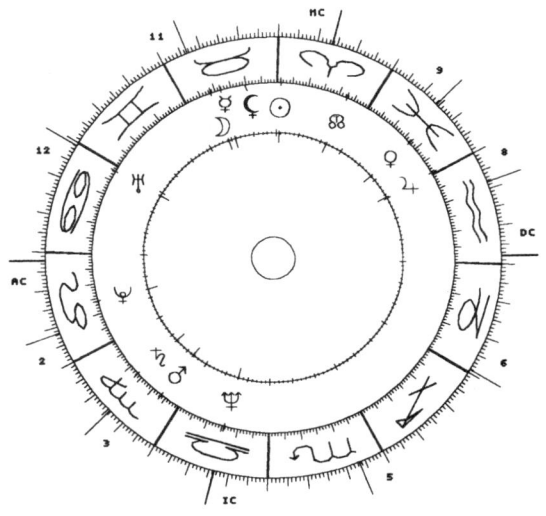

Abb. 35: Laila

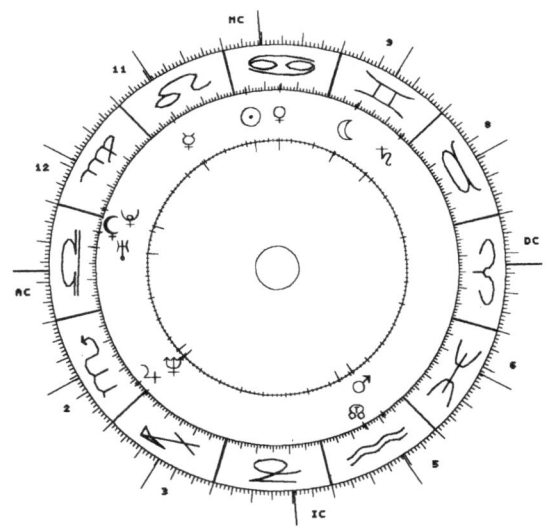

Abb. 36: Riccardo

83

ten hatte, keine Kinder zu haben. 1939 befand sich der Schwarze Mond zuerst im Transit über den Deszendenten und dann in Konjunktion zum Mond im 7. Haus und schließlich in Opposition zu Neptun.

Christa hat den Mond im 8. Haus mit einem Quadrat zu Saturn und einem Sextil zu Lilith. Schon früh wollte sie gerne Mutter werden (Mond in Krebs). Als Erwachsene konnte sie sich diesen Wunsch jedoch nicht erfüllen – das ersehnte Kind stellte sich nicht ein. Die Ärzte konnten dafür über lange Zeit keinen physischen Grund feststellen. Vor einigen Jahren wurde bei ihr ein ca. 1 kg schweres Myom entfernt. Zur Zeit des chirurgischen Eingriffs hatte Christa einen Lilith-Transit (0° Steinbock) im Quadrat zu ihrer Radix-Lilith.

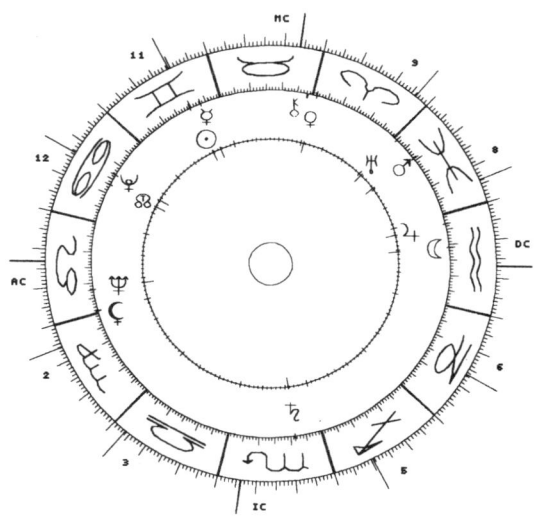

Abb. 37: Marilyn Monroe

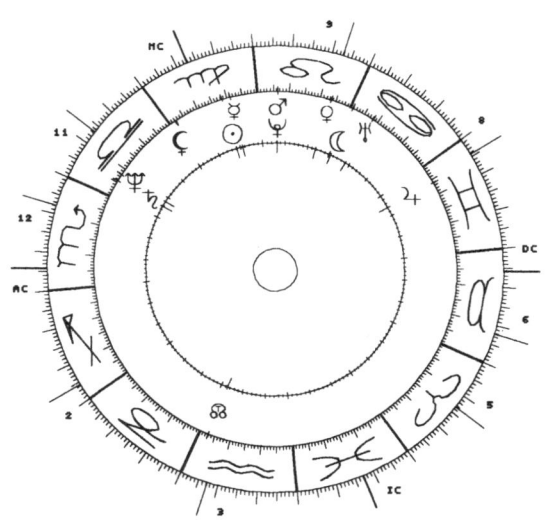

Abb. 38: Christa

85

Der Einfluß Liliths
bei Männern
mit Syphiliserkrankungen

Wir konnten anhand der weiblichen Horoskope feststellen, daß Lilith in vielen Fällen in Zusammenhang mit Erkrankungen der Geschlechtsorgane zu sehen ist. Auf psychologischer Ebene repräsentiert sie oftmals eine Ablehnung der Mutterschaft. Dies entspricht denjenigen Wesenszügen Liliths, die im zweiten Teil des Mythos zum Ausdruck kommen: sie ist Neugeborenen und Wöchnerinnen feindlich gesinnt und stellt eine Bedrohung für diese dar, wenn sie sich in der Nähe ihrer Wohnungen herumtreibt.

Einen anderen Aspekt des Mythos verdeutlicht das Bild der Dirne, die den Männern am Wegrand auflauert, oder die Vorstellung des weiblichen Vampirs, der nach der Umarmung den Liebhabern die Lebensenergie aus den Adern saugt. Die unglücklichen Opfer verbringen eine Nacht mit Lilith und sind danach dem Tod geweiht oder dem Wahnsinn ausgeliefert. In Francis Ford Coppolas Film *Dracula* agieren neben der Hauptfigur auch weibliche Vampire. Die Gestalt des düsteren Grafen war in den Filmen der dreißiger Jahren sehr beliebt und kommt nun zu neuen Ehren. Ende 1992 war der Streifen sehr erfolgreich – gleichzeitig befand sich der laufende Schwarze Mond im Wassermann und bildete ein Quadrat zu Pluto im Skorpion. Möglicherweise hat diese Konstellation beim Publikum wieder Gefallen an sex-, blut- und gewaltgeladenen Szenen geweckt.

In Zusammenhang mit der Thematik von Lilith als der Dirne, die Wahnsinn und Tod verbreitet, möchte ich nun konkrete

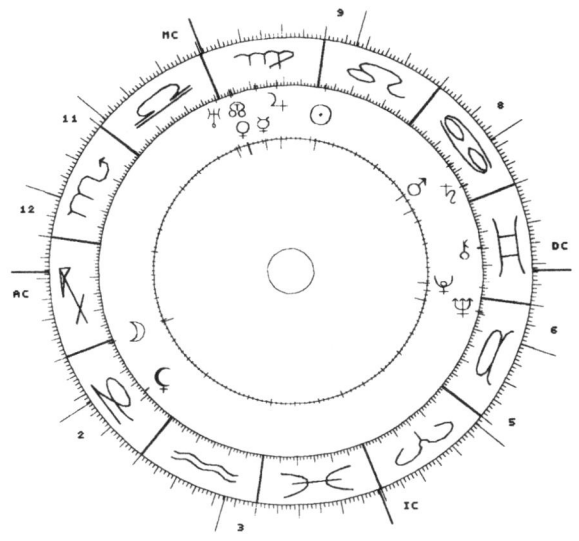

Abb. 39: Dino Campana

Beispiele vorstellen, bei denen die Begegnung mit der mythologischen Prostituierten in Radixkonstellationen und in Transiten ihren symbolischen Ausdruck findet. Hierzu habe ich die Horoskope einiger bekannter Persönlichkeiten untersucht, die entweder an Syphilis oder einer Folgeerkrankung gestorben sind.

Dino Campana war ein italienischer Dichtervagabund, der Ende des 19. Jahrhunderts geboren wurde. Bereits als junger Mann fiel er durch extravagantes und rebellisches Benehmen auf (Uranus ist dominant, da in Konjunktion zum MC, außerdem im Quadrat zum Mond). Seine Mutter Fanny zog von Anfang an den kleineren Bruder vor. Dino war ein schüchternes und mit Komplexen beladenes Kind, das durch die Ablehnung seitens der Mutter an Verhaltensauffälligkeiten litt. Während der Adoleszenz begann er, Gedichte zu verfassen, wodurch die Auseinandersetzungen mit der Mutter nur noch heftiger wurden. Diese brachte ihn zu einem Psychiater und erreichte durch

87

stark übertriebene Darstellungen über das Verhalten ihres Sohnes, daß er schließlich in eine Anstalt eingewiesen wurde; Dino hatte damals auch schon Alkoholprobleme. Er verbrachte zwar nur kurze Zeit an diesem schrecklichen Ort, doch als er entlassen wurde, war er wirklich krank. Seiner Heimatstadt kehrte er den Rücken und lebte von nun an wie ein Landstreicher. Er trank, schrieb Gedichte und verkehrte mit Straßenmädchen. Dabei infizierte er sich im Jahre 1912 schließlich mit Syphilis. Zu diesem Zeitpunkt stand die laufende Lilith in Konjunktion zu ihrer Radixposition in Steinbock. Weitere Transite waren Pluto in Konjunktion zum Radix-Mars, Mars in Konjunktion zum Radix-Neptun, Jupiter in Quadrat zum Radix-Jupiter und zur Radix-Venus.

Nach Jahren des Vagabundierens, in denen sich seine Geisteskrankheit verschlimmert hatte, wurde er im Jahre 1918 endgültig in eine Irrenanstalt interniert, wo er bis zum Jahre 1932 blieb. 1918 stand die transitierende Lilith nacheinander in Konjunktion zu Venus, zum Medium Coeli und zum Uranus des Geburtshoroskops. Zu dem Zeitpunkt seiner Einlieferung litt Dino Campana an Wahnvorstellungen. Die Ärzte sprachen vom »elektrischen Delirium«, weil er sich für Edison hielt und behauptete, er würde mit der ganzen Welt und mit außerirdischen Lebewesen über das Radio kommunizieren. 1932 wurde er von den Ärzten für gesund erklärt, er kam jedoch nicht in den Genuß der Freiheit: eine Woche vor seiner Entlassung verletzte er sich an den Hoden, als er versuchte, einen Stacheldrahtzaun zu überklettern. Kurze Zeit darauf starb er an der dabei entstandenen Infektion. Die Transite zum Beginn des Jahres 1932 sind hoch interessant: als er sich verletzte und starb, standen der laufende Uranus und die laufende Lilith in Konjunktion zueinander, und beide formierten ein Quadrat zu Campanas Geburtsmars im 8. Haus!

Im Horoskop von Friedrich Nietzsche hat Lilith große Bedeutung und sie begleitet gleichsam seine gesamte Biographie. In seinem Geburtshoroskop steht Lilith im 7. Haus im Quadrat

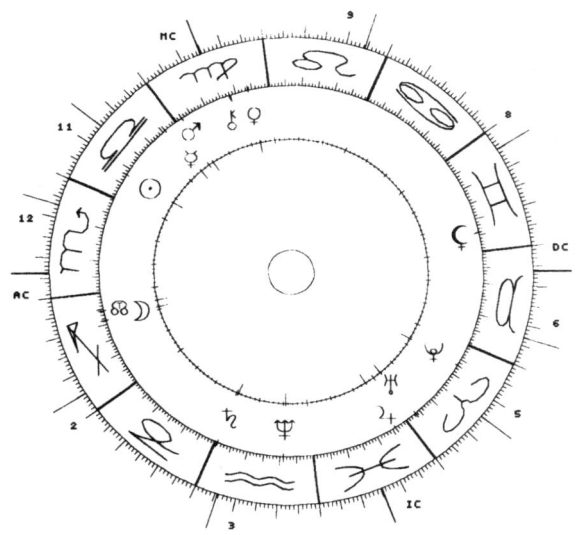

Abb. 40: Friedrich Nietzsche

zur Venus im 9. Haus. Venus selbst bildet ein Quadrat zum
Mond im 1. Haus, außerdem steht Lilith in Opposition zum
Mond.

Es ist bekannt, daß Nietzsche sich bei einer Prostituierten mit
Syphilis ansteckte. Astrologisch gesehen steht Venus als Herr-
scherin des 6. Hauses, das unter anderem den Lebensbereich
Gesundheit repräsentiert, im Quadrat zu Lilith. Diese Krankheit führte zum Wahnsinn und schließlich zum frühzeitigen
Tod des Philosophen. 1889 traten die ersten Symptome der Geisteskrankheit auf, die ihn jahrelang quälen sollte. Die transitierende Lilith befand sich in jenem Jahr in Konjunktion zur Radix-Position und bildete die gleichen Konstellationen wie im
Geburtshoroskop. Im Solarhoroskop von 1889 stand der Mond
in Konjunktion zum MC. Diese Konstellation sowie die Positionen Liliths im Radixhoroskop symbolisieren die Ge-
schlechtskrankheit, ebenso Pluto im Haus der Sexualität mit

einer Opposition zur Sonne im 11. Haus (zufällige Begegnungen).

Die Geisteskrankheit war erblich und wurde durch die Syphilis zum Ausbruch gebracht. Der Vater Nietzsches und ein Onkel väterlicherseits litten an psychischen Störungen, und sein Vater starb bereits in jungen Jahren an einer Gehirnerkrankung. Im Horoskop Nietzsches drückt sich die Vererblichkeit der Krankheit in der Opposition Uranus-Merkur aus (Merkur: Geisteskrankheit); Uranus steht im 4. Haus (der Vater, die Mitglieder der väterlichen Familie), und Merkur ist Herrscher des 8. Hauses (Vererbung).

Im Todesjahr 1900 beschloß Lilith seine Lebensgeschichte, indem sie sich in Konjunktion zur Himmelsmitte und zur Venus bewegte sowie ein Quadrat zum Mond und zum Aszendenten bildete. Weitere Konstellationen waren Neptuns Eintritt in das 8. Haus und ein Transit-Quadrat zu Mars (Tod infolge einer Ansteckung). Der laufende Saturn stand im Quadrat zu Mars, der laufende Uranus in Konjunktion zum Mond, in Quadrat zu Venus sowie in Opposition zu Lilith.

Der Schwarze Mond nahm im Horoskop Friedrich Nietzsches nicht nur deutlichen Einfluß auf seine Gesundheit oder genauer gesagt seine Krankheit, sondern auch auf sein Verhältnis zum weiblichen Geschlecht. Lilith steht im 7. Haus, dem Haus der Begegnung mit den anderen Menschen. Über Nietzsches Liebesbeziehungen weiß man wenig – nur sein Verhältnis zu der russischen Schriftstellerin Lou Andreas Salomé ist bekannt, sowie die Bindung an seine Schwester und schließlich der Kontakt zu der Prostituierten, die ihm die Krankheit übertrug. Diese drei Frauen stellen symbolisch den Schwarzen Mond im 7. Haus dar.

Nietzsche wuchs in einer matriarchalisch strukturierten Familie auf. Der in seinem Beruf als Pastor sehr engagierte Vater starb kurz nach seinem 30. Lebensjahr. Nietzsche verbrachte die Kindheit mit seiner Mutter, der Großmutter väterlicherseits, die starken Einfluß auf das Familiengeschehen ausübte, mit den beiden Schwestern seines Vaters sowie mit der eigenen Schwester. Seine Mutter hatte sich vom Vater vernachlässigt gefühlt, konnte zu der Schwiegermutter und den beiden Schwägerinnen keine herzliche Beziehung aufbauen, und widmete sich (bis zur Geburt des zweiten Kindes Elisabeth) ganz dem Sohn. In der Biographie des Philosophen wird erwähnt, daß er im Alter von drei Jahren noch kein Wort gesprochen habe (Saturn im 3. Haus). Die besorgte Mutter konsultierte einen Arzt, der ihr etwa so antwortete: «Wie soll das Kind jemals lernen, seine Bedürfnisse auszudrücken, wenn Sie es schon zufriedenstellen und sich um es bemühen, bevor es sagt, was es möchte?»

Seine einzige Spielkameradin war die kleinere Schwester Elisabeth und die beiden Kinder wuchsen in einer sehr engen Beziehung auf, die andere Menschen ausschloß. Als Nietzsche sich während seiner Studienzeit von der Familie trennte, hielt er eine rege Korrespondenz mit der Schwester aufrecht. Elisabeth war auf jede andere weibliche Freundin eifersüchtig. Mit 18 Jahren bat Nietzsche seine Schwester, ihm eine Partitur zu schicken, die er einem Mädchen schenken wollte, das er im Hause eines Mitschülers kennengelernt hatte. Elisabeth reagierte mit Zorn, aus ihrem Antwortbrief kann man die Eifersucht lesen, und natürlich hat sie die Partitur nie abgeschickt. Elisabeth argwöhnte mit allem im Privatleben ihres Bruders, was er nicht mit ihr allein teilte; die Geschwister lebten in einer symbiotischen Beziehung von unbewußt inzestuösem Charakter, einer krankhaften Verstrickung von Liebe und Haß.

Sie quälte ihn mit ihren Szenen und tyrannisierte ihn auch während seiner Beziehung zu Lou Salomé oder im Umgang mit seinen Freunden. In diesem sadomasochistischen Verhältnis war Elisabeth nicht nur Täterin, sondern auch Opfer. Der Inzest wurde nie vollzogen, war jedoch auf psychischer Ebene vorhanden. Als die ersten Anzeichen von Friedrichs Krankheit auftraten, zog seine Schwester zu ihm nach Basel, um bei ihm zu leben und sich um das gemeinsame Haus zu kümmern. Mit 37 Jahren lernte sie ihren späteren Mann kennen; Nietzsche verhielt sich dem Schwager gegenüber jedoch immer eifersüchtig und ablehnend. Doch auch während der kurzen Ehe blieb Elisabeth innerlich an ihren Bruder gebunden. Sie identifizierte sich mit Nietzsche und dessen Ideen, wurde seine geistige Erbin und übernahm während seiner Krankheit die Rolle der Hohepriesterin seines Kults. In den letzten Lebensjahren des Philosophen, als dieser nicht mehr bei Verstand war, nahm sie ihn zu sich ins Haus und umgab ihn mit ihrer krankhaften Zuneigung.

Der Transit von Uranus in Konjunktion zum Mond, in Quadrat zu Venus und in Opposition zu Lilith in Nietzsches Todesjahr, nimmt hier die Bedeutung einer Befreiung an – der Tod erlöste ihn schließlich von Elisabeth. Da die genaue Geburtszeit von Elisabeth Nietzsche nicht bekannt ist, habe ich ihr Horoskop für die Zeit des Morgengrauens erstellt (wie in einer Biographie angegeben). Um 5 Uhr morgens stand der Schwarze Mond in Konjunktion zum vermutlichen AC im Löwen.

Lou Salomé hingegen stellt den positiven Aspekt Liliths dar: die freie und unabhängige Frau, die sich den Konventionen ihrer Zeit widersetzte. Sie brauchte zu ihrer Selbstverwirklichung keinen Mann, sondern suchte die geistige Freundschaft und innere Verwandtschaft mit ihm. Zwar sind ihre Geburtsdaten nicht bekannt, doch gibt ihr ganzes Leben und ihr Charakter Anlaß zur Vermutung, daß Lilith hier stark präsent sein mußte: sie stellte sich außerhalb der Normen und suchte die Liebe in einer Dreierbeziehung, gemeinsam mit Nietzsche und Paul Rée. Lou lebte gegen alle Regeln, beschwor Skandale herauf und rebellierte so gegen die traditionelle Frauenrolle, wie die Gesellschaft sie zu ihrer Zeit verstand. Sie wollte sich an keinen der beiden Männer binden, sondern lediglich mit ihnen leben, lernen und frei bleiben. Das Leben war für sie ein Abenteuer. Wie Nietzsche glaubte sie an die dionysische Exstase. Die beiden hatten eine platonische Beziehung, die nicht über einen Kuß hinausging. Mond in Quadrat zu Venus in Nietzsches Geburtshoroskop läßt ihn die Frauen auf zwiespältige Weise erleben – einerseits idealisiert er sie (Lou Salomé), andererseits verachtet er sie (sexuelle Beziehungen hatte er nur zu Prostituierten). Der berühmte Satz: »Du gehst zu Frauen? Vergiß die Peitsche nicht!«[21] spiegelt die schwierigen Konstellationen seiner weiblichen Planeten wieder, die sich in Konflikt zueinander und in Aspekt zu Lilith befinden.

Noch ein weiteres Element in Nietzsches Leben verweist auf den starken Einfluß des Schwarzen Mondes. Wie Lilith, so lehnte sich auch Nietzsche gegen Gott auf. Er erklärte sich selbst zum Antichrist (Venus im 9. Haus im Quadrat zu Lilith) und proklamierte: »Gott ist tot!«. Damit revoltierte er gegen seine familiäre Herkunft und gegen die Kirche. Anstatt die Priesterlaufbahn einzuschlagen, wie seine Mutter es gewünscht hätte, diente er lieber seinem eigenen archaischen Kult, der dem Gott Dionysos geweiht war. Wie Zarathustra, der die Natur und die Tiere liebte, empfand er sich als Satyr. Auch Lilith zieht es im Mythos vor, als Dämonin am Roten Meer zu leben, anstatt sich den Gesetzen Gottes zu unterwerfen.

Guy de Maupassant wird von seinen Biographen als Abenteurer und fast schon legendäre Persönlichkeit beschrieben. Er unternahm mit seinem Segelboot *Bel Ami* gefährliche Kreuzfahrten im Mittelmeer und liebte die See über alles. Einmal sagte er, die einzige und größte Leidenschaft seines Lebens sei das Wasser. Er schwamm regelmäßig, solange sein Gesundheitszustand es erlaubte, und unterzog sich häufig Wechselduschen mit lauwarmem und eiskaltem Wasser. Bei seinen Romanfiguren finden wir die Leidenschaft fürs Wasser ebenfalls wieder: Jeanne, die Heldin aus *Une vie* verschwindet im kalten und klaren Wasser, um nie mehr wiederzukehren. Christina aus *Mont Oriol* nimmt ein Bad in einer mit Mineralwasser gefüllten Wanne. Für Maupassant war Wasser das Element des Weiblichen, der mütterliche Schoß, die intrauterine Glückseligkeit, die Ruhe des Todes. All dies wird in seinem Horoskop in der Position des Krebs-Mondes mit Trigon zum Neptun abgebildet. Der Schwarze Mond hingegen befindet

21 Friedrich Nietzsche. *Also Sprach Zarathustra*, (München: dtv, 1988) p.86.

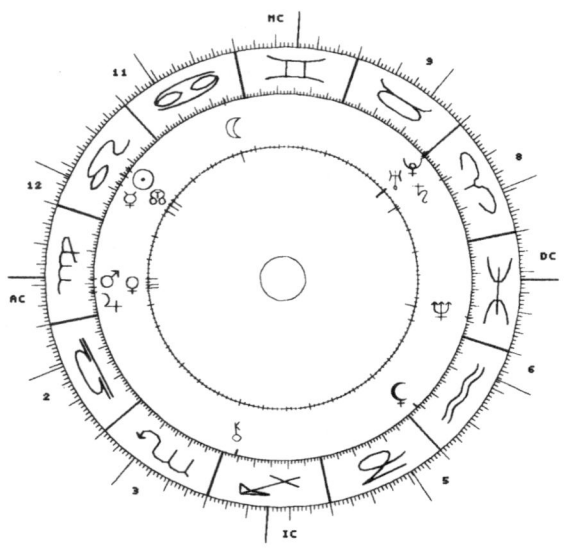

Abb. 41: Guy de Maupassant

sich bei Maupassant im Wassermann, dem Oppositionszeichen des Löwen. Seine Sonne steht nämlich im Löwen, dem Bereich der Kreativität, des Spieles und der Liebesbeziehungen. Der krebsbetonte Mond drückt sich in Maupassants Leben in der Sehnsucht nach dem Mutterleib aus und spiegelt das Bild der allumfassenden Mutter, während die Frauen, zu denen er Liebesbeziehungen unterhielt (Lilith im 5. Haus), Kurtisanen, Prostituierte und kleine Schauspielerinnen waren. Er liebte Hunderte von ihnen, eine folgte auf die andere – er holte sie aus den berüchtigten Stadtvierteln, den Theatern der schlechtesten Kategorie und aus den Bordellen. Maupassant behauptete, die Kurtisanen den anständigen Frauen vorzuziehen, weil sie ihr halbes Leben in wohlriechenden Bädern verbrachten. Er dachte sich private obszöne Spiele aus (Lilith im 5. Haus), die in der Grauzone zwischen satanischen Riten und dem französischen Libertinismus des 18. Jahrhunderts angesiedelt waren.

Lilith im 5. Haus ist die inspirierende Kraft seines Romans *Stark wie der Tod*, der Beschreibung einer quälenden erotischen Leidenschaft: Der Maler Bertin verliebt sich aufs heftigste in die junge Tochter seiner Geliebten. Bertin hatte Annette als Kind wie eine Tochter geliebt, und nun trägt diese Leidenschaft inzestuöse Züge. Durch Bäder und Duschen versucht er, das verzehrende Verlangen zu zügeln. In diesem Roman kann man bereits das Fortschreiten von Maupassants Krankheit beobachten, welche, ähnlich wie bei Nietzsche, durch eine Syphilisinfektion hervorgerufen wurde. Sein Vater hatte bereits daran gelitten und die Folgen seiner Syphilis bekamen auch die Söhne zu spüren; der jüngere Bruder Maupassants starb 1889 im Wahnsinn. 1892 begann die Krankheit, die sich bereits seit geraumer Zeit in seinem Körper eingenistet hatte, ihre Wirkung auf den Geist des Schriftstellers auszudehnen und erreichte im gleichen Jahr ihren Höhepunkt. Zur vererbten Belastung war eine Syphilisinfektion aus den Jugendjahren hinzugekommen. Die Symptome waren unterschiedlich: zuerst handelte es sich um Atemschwächen, dann um rheumatische Beschwerden und Zirkulationsstörungen, und schließlich erblindete Maupassant. Außerdem beeinträchtigte die Krankheit immer deutlicher seine geistigen Fähigkeiten. Dies schien nicht verwunderlich, denn der Kranke führte weiterhin ein ausschweifendes Leben und berauschte sich mit den verschiedensten Drogen. Er begann zu halluzinieren, fühlte sich von einem Doppelgänger verfolgt und unternahm im Januar 1892 einen Selbstmordversuch. Man brachte ihn in eine Irrenanstalt, wo er ein Jahr später im Alter von 43 Jahren verstarb. Im Januar 1892 befand sich der Schwarze Mond im Transit durch die Waage und im Quadrat zum Geburtsmond im Krebs sowie in Trigon zur eigenen Radixposition in Maupassants Horoskop. Am Todestag (6. 6. 1893) stand Lilith auf 10° 27' Skorpion in Quadrat zur Geburtssonne.

Als Charles Baudelaire am 9. April 1821 zur Welt kam, war sein Vater bereits über 70, seine Mutter aber erst 27 Jahre jung. Als Erwachsener schrieb Baudelaire:

Ich bin krank, ich habe eine erbärmliche Konstitution, und daran tragen meine Eltern schuld. Ihretwegen gehe ich zugrunde. So ist es, wenn man das Kind einer 27jährigen Mutter und eines 72jährigen Vaters ist. Eine ungleiche, pathologische, senile Verbindung; bedenke doch: 45 Jahre Altersunterschied.[22]

Im Horoskop des Dichters bildet die Sonne eine Konjunktion mit Saturn (Symbol des alten Vaters) im 8. Haus (biologisches Erbe). Der Vater verstarb, als Charles noch klein war, so daß er seine Mutter von ganz früh an für sich alleine hatte. Im Alter von fünf Jahren schlug sein Herz für die Mutter, als wäre er ihr eifersüchtiger Liebhaber. Die Zeit nach dem Tod des Vaters schien ihm paradiesisch, denn er lebte eng vereint mit der Mutter. Dieser Zustand sollte jedoch nicht lange andauern, denn die Mutter heiratete wieder. Die Hochzeit kam einem Verlassenwerden durch die Mutter gleich, das von ihm nicht nur psychologisch, sondern auch physisch erlebt wurde: Der Junge haßte den Stiefvater und durfte deshalb nicht mehr daheim leben. (Mond in Quadrat zur Sonne). Die Biographin E. Bonaparte schreibt:

es ist inzwischen Allgemeingut, daß der Frauenhaß Baudelaires auf die Heirat seiner Mutter zurückzuführen ist, ebenso die Bitterkeit, die sein Leben erfüllte, und das ganze Werk, in dem ununterbrochen der Schmerzensschrei, der Ruf nach Rache, der Haß der betrogenen Liebe widerhallt. (...) er muß die Frau verachten, die Mutter mit der Dirne vergleichen und folglich verachtenswerte Frauen zu seinen Geliebten machen.[23]

In seinem Geburtsthema steht Lilith in Opposition zu Venus und Jupiter, beide in Konjunktion im 8. Haus. Diese Konstellation entspricht genau den Worten von E. Bonaparte. Baudelaire verkehrte ähnlich wie Nietzsche und Guy de Maupassant mit Prostituierten und verherrlichte die käufliche Liebe. Seine Lebensgefährtin war Jeanne Duval, ein leichtes Mädchen von

---

22   Jean Paul Sartre. *Baudelaire* (Reinbek: rororo, 1978) p. 98.
23   Ennio Dinacci, *Introduzione all'Astrologia psicanalitica* (Turin: Edizioni Capone) p. 121.

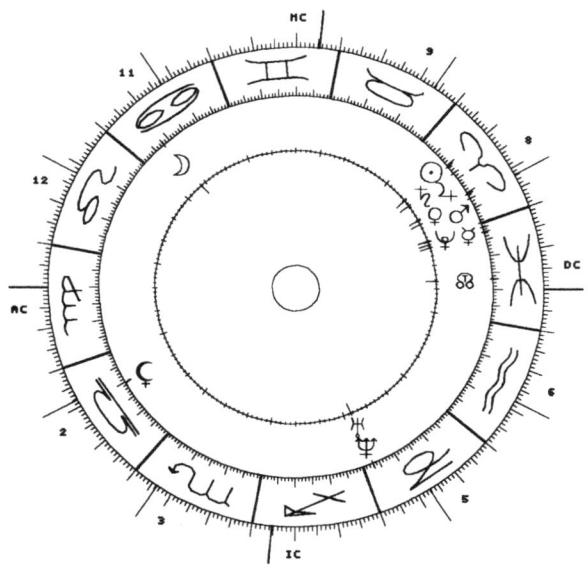

Abb. 42: Charles Baudelaire

dunkler Hautfarbe. Diese Beziehung war durch Haß, Verachtung und Ablehnung gekennzeichnet.

Das Werk des Dichters steht meiner Ansicht nach unter dem Einfluß der Planeten im 8. Haus und des Schwarzen Mondes. Er besang die Zerstörung, in seinen Versen wechseln sich Gut und Böse, Leben und Tod, Zurückweisung und Hingabe ab. »Ich aber sage: die einzige und höchste Wollust der Liebe liegt in der Gewißheit, das Böse zu tun. Und Mann und Weib wissen von Geburt an, daß das Böse alle Wollust enthält.«[24]

Baudelaire starb am 31. August 1867 an Syphilis. Mars als Herrscher des 8. Hauses stand im Radix in Quadrat zu Neptun, Lilith in Opposition zu Venus im 8. Haus. Am Todestag befand sich Lilith bei 5° 38' Schütze, in Konjunktion zum IC und im

24 Jean Paul Sartre. *Baudelaire* (Reinbek: rororo, 1978) p. 50.

97

Quadrat zur Konjunktion Venus-Jupiter. Im Werk Baudelaires finden wir neben der Frau als Dirne auch die Frau als Vampir. In den Versen des folgenden Gedichts aus den *Blumen des Bösen* erkennen wir die beunruhigende Gestalt Liliths:

Die Verwandlungen des Vampyr
Die Frau indes, sich windend wie die Schlange
Auf Kohlenglut und auf der Miederstange
Die Brüste knetend, gab mir Dinge kund
Voll Moschusduft aus einem Beerenmund:
„Mir ist die Lippe feucht, mir ist das Wissen,
Wie man im Bett verliert das Urgewissen.
Mein Busen siegreich alle Zähren dorrt
Und reißt den Greis zu Kinderlachen fort.
Für den, der nackt mich sieht und ohne Hülle
Bin Sonne, Mond und Stern und Fülle.
Ich bin, o Weiser, kundig so der Lust,
Wenn ich den Bissen weihe meine Brust,
Die samtnen Arme einen Mann ersticken,
Daß auf den Polstern, die der Taumel wiegt,
Der Engel Schar für mich zur Hölle fliegt.“
Als sie aus mir das ganze Mark gesogen
Und mich sehnend zu ihr hingebogen
Zum Liebeskuß, sah ich wie Eiters voll
Verschleimt ein Schlauch an meiner Seite schwoll.
Ich schlug in kalter Angst die Wimper nieder
Und als im hellen Licht ich hob die Lider,
Erzitterten auf meiner Liegestatt
Statt einer Gliederpuppe, die sich satt
An Blut trank, schwank eines Gerippes Reste,
Die ächzten wie ein Wetterrad im Weste
Und wie ein Schild an Eisenstab, das sacht
Der Wind bewegt in einer Winternacht. [25]

25 Charles Baudelaire. *Blumen des Bösen* (Frankfurt, Insel Verlag, 1976) p. 221.

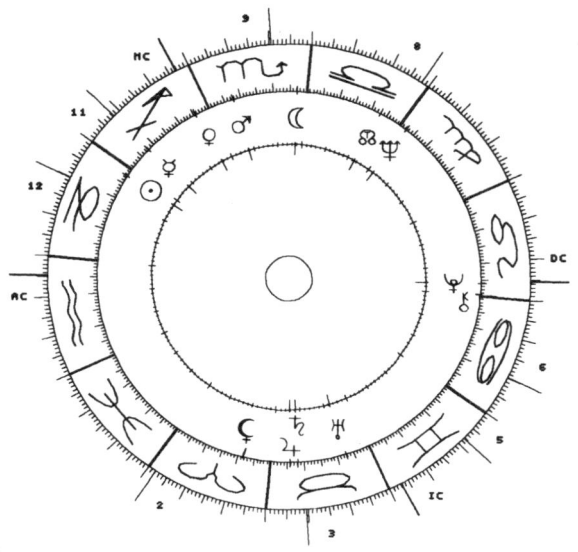

Abb. 43: Walter

Das letzte Fallbeispiel betrifft keine bekannte Persönlichkeit, sondern kommt aus meinem eigenen Archiv: Walter stammt aus einer wohlhabenden Bauernfamilie rumänischer Herkunft. 1940 siedelte die Familie über ins Deutsche Reich, wo Walter und weitere vier Kinder zur Welt kamen; insgesamt hatte er acht Geschwister. Die harten Jahre während des Krieges und in der Nachkriegszeit waren gekennzeichnet von Armut, Flucht und Wiederaufbau, außerdem kam es zur Trennung der Eltern. Walter war sehr seinem Vater ähnlich, weshalb seine Mutter ihn schon seit seiner Geburt abgelehnt, vernachlässigt und sich selbst überlassen hatte. Er war ein sehr trauriges und durch den Mangel an Zuneigung recht unausgeglichenes Kind. Die durch den Krieg und die mütterliche Ablehnung geprägte traurige Kindheit spiegelt sich in dem Skorpionmond im Quadrat zu Pluto und in Opposition zur Konjunktion Jupiter-Saturn. Pluto steht in Konjunktion zum Deszendenten; dies bedeutet,

99

daß die Ablehnung durch seine Mutter Auswirkungen auf die Beziehungen zum anderen Geschlecht hat: er haßt die Frauen, und fühlt sich doch unwiderstehlich von ihnen angezogen (Pluto im Trigon mit Venus, diese in herrschender Stellung).

In jungen Jahren verpflichtete er sich bei der Fremdenlegion, der er 17 Jahre lang angehörte (Mars im 9. Haus in Opposition zu Uranus). Der Schwarze Mond im 2. Haus kann den Mangel an Zuneigung verstärken, der sich bereits in den Spannungsaspekten des Mondes ausdrückt. Das 2. Haus steht für die materielle Situation der Familie zum Zeitpunkt seiner Geburt: Walters Eltern hatten damals ihren gesamten Besitz verloren und lebten als Flüchtlinge. Die tiefere Bedeutung des 2. Hauses liegt im eigenen Wertgefühl. Walter, der bereits im frühesten Kindesalter verletzt und abgewiesen worden war, entwickelte eine unsichere und komplexbeladene Persönlichkeit. Das 2. Haus symbolisiert ferner auch die Art und Weise, wie wir unseren Lebensunterhalt verdienen. Walter verdiente sein Geld als Söldner und kompensierte so vermutlich seine innere Unsicherheit. In Indonesien infizierte er sich mit Syphilis. Der vermutliche Ansteckungszeitpunkt waren seiner Ansicht nach entweder Juli 1967 oder Oktober 1968. Im Sommer 1967 stand die transitierende Lilith in Konjunktion zur Radixposition, im Oktober 1968 in Opposition zur Geburtsvenus.

Lilith
in der Partnerschaft

In der Synastrie und im Composithoroskop finden wir Lilith
bei Menschen mit besonders bewegten Liebesgeschichten, in
denen extreme und heftige Gefühle das Leitmotiv der Beziehung darstellen. In den Radix- oder Partnerhoroskopen können
natürlich auch noch andere Konstellationen auftreten, die destruktives Verhalten symbolisieren und auslösen.

Bezüglich des Verhältnisses zwischen dem Schwarzen Mond
des einen Partners und dem Geburtsmond des anderen konnte
ich feststellen, daß sich derjenige Horoskopeigner, dessen
Mond in Kontakt mit der Lilith des Partners kam, häufig über
einen Mangel an emotionaler Geborgenheit und Wärme in der
Beziehung beklagte. Der andere konnte das Bedürfnis nach
Nähe und Zärtlichkeit nicht befriedigen. Ich konnte in der Partnerschaftsastrologie jedoch keinen besonderen Unterschied
zwischen der Auswirkung des Schwarzen Mondes und derjenigen Plutos erkennen. Sowohl die eine als auch die andere Planetenenergie beeinflußt Partnerhoroskope häufig. Liebesgeschichten unter der Einwirkung dieser astrologischen Prinzipien stehen jedoch oft unter dem Zeichen von Haßliebe und Destruktivität. Häufig handelt es sich auch um Ehen, die wegen
eines zu erwartenden Kindes oder auf Betreiben der Eltern geschlossen werden mußten.

Das folgende Beispiel habe ich ausführlich in meinem Buch
Liebesbeziehungen im Horoskop [26] dargestellt, allerdings ohne

26 Lianella Livaldi-Laun *Liebesbeziehungen im Horoskop* (Freiburg:
Ebertin Verlag, 1993) p. 87f. und p. 142f.

die Berücksichtung des schwarzen Mondes. Es handelt sich um ein Paar, das seine bereits ins Wanken geratene Beziehung wegen eines Kindes legalisierte. Michele, der Ehemann, trug sich bereits mit dem Gedanken an eine Trennung von seiner Lebensgefährtin. Gerade, als er sich innerlich zu diesem Schritt entschlossen hatte, erfuhr er von der Schwangerschaft seiner Partnerin. Michele hat Venus im Steinbock in Quadrat zu Saturn; aus Verantwortungsgefühl willigte er in eine Ehe ein, die natürlich nie wirklich gut war. Der Schwarze Mond seiner Frau Carola steht in Quadrat zu Micheles Aszendent und Uranus. Dieser Aspekt zeigt, daß die Schwangerschaft Carola (natürlich unbewußt) als Mittel diente, um den beziehungsmüden Partner an sich zu binden und seine Handlungsfreiheit einzuschränken (AC Konjunktion Uranus). Es weisen selbstverständlich auch noch andere Planetenaspekte auf dieses Thema hin, auf die ich in diesem Zusammenhang nicht weiter eingehen möchte.

Die italienische Astrologin Grazia Mirti, die sich seit Jahren mit dem Einfluß des Schwarzen Mondes beschäftigt, erklärte in einem Seminar in Turin:

Aus meiner langen Erfahrung mit der Interpretation von Horoskopen kann ich sagen, daß Lilith in den Geburtsbildern von Menschen, die einander durch Liebe, Verwandtschaft, Arbeit oder anderes verbunden sind, eine wichtige Rolle spielt. Ich halte es für sehr bedeutsam, daß Lilith sich genau da einfügt, wo sich im Geburtshoroskop des Partners ein wichtiger Planet befindet. Zum Beispiel steht Lilith von A auf der Sonne von B, Lilith von B auf dem Mond von A, und ebenso für andere Planetenverbindungen. Wenn man Lilith als Mangel versteht, so wird natürlich der Planet des anderen diese Lücke füllen. Ich konnte mehrfach beobachten, daß es schwierig ist, eine solche Beziehung zu beenden, da derjenige, der in die Synastrie seinen günstigen Planeten einbringt, mit großer Hingabe in der Beziehung engagiert ist. Das Ganze gestaltet sich auf körperlicher Ebene besonders problematisch, wenn Planeten beteiligt sind, die Gefühle symbolisieren oder die zu äußerst heftigen Reaktio-

nen führen. Die sexuelle Anziehungskraft ist dann das wichtig-
ste Element einer Beziehung, die in anderer Hinsicht vielleicht
gar nicht so bedeutsam sein muß.

Frau Mirti legte in ihrem Seminar die Partnervergleiche regie-
render Königspaare oder Angehöriger königlicher Familien
vor, denen es aus Gründen der höfischen Etikette unmöglich
war, ihre Bindung zu lösen oder die einen harten Kampf führen
mußten, bevor ihnen eine Scheidung gestattet wurde. Darunter
befand sich zum Beispiel der Partnervergleich zwischen Prinzessin Margaret, der Schwester von Königin Elizabeth II., und
Tony Armstrong-Jones: Margarets Schwarzer Mond steht in
Konjunktion zum Mars ihres Ex-Mannes. In der Synastrie zwischen Lady Diana und Prinz Charles befindet sich der Pluto des
Prinzen in Konjunktion zum Schwarzen Mond seiner Gemahl-
in, im Zeichen des Löwen, welcher die Königswürde symbolisiert. In diesem Fall hat die Königinmutter die Erlaubnis zur
Scheidung nicht erteilt, der Prinz und die Prinzessin von Wales
leben getrennt, und nehmen lediglich öffentliche Verpflichtun-
gen gemeinsam wahr.

In der vorliegenden Arbeit konzentrieren sich die Beispiele
aus der Synastrie auf die Aspekte des Schwarzen Mondes der
beiden Partner. Die wechselseitigen Konstellationen der traditionellen Planeten sind für eine umfassende Deutung selbstverständlich immer überaus wichtig, sie werden hier jedoch lediglich am Rande erwähnt, aber nicht weiter vertieft. Ich werde an
dieser Stelle nur diejenigen Konfigurationen beschreiben, die
eine analoge Wirkung zu den Aspekten des Schwarzen Mondes
im Partnervergleich aufweisen.

Während ich dieses Kapitel schreibe, befindet sich die transitierende Lilith übrigens in exakter Konjunktion zu meiner Venus im 8. Haus. Zu der Zeit, als ich mich mit den Untersuchungen über den Schwarzen Mond begann, war sie im Transit im 6.
Haus.

Mit dem ersten Beispiel beschreibe ich ein Paar, das sein ganzes Leben damit verbrachte, sich gegenseitig zu ärgern und zu

streiten. Die Hochzeit von Cina und Petri war eine Liebesheirat, und ihre erste Begegnung verlief sehr romantisch. Petri hatte eine schöne Stimme, und in den Zwanziger Jahren verdiente er sein Geld als Serenadensänger. Cina war bereits verlobt und eines abends sang er auf Bestellung unter ihrem Fenster. Sie verliebte sich jedoch sofort in ihn, brach wenige Wochen später ihre Verlobung und heiratete den mittellosen Sänger. Petri war sehr impulsiv und auch aggressiv und konnte wegen einer Kleinigkeit fürchterliche Wutanfälle bekommen. Er neigte dazu, Frau und Kinder seiner ständigen Kontrolle zu unterwerfen und er tyrannisierte alle durch sein autoritäres Wesen. (Sonne in Opposition zu Saturn, Mars im Quadrat zu Pluto, im Quadrat zum Mond und im Trigon zum IC. Der Schwarze Mond in Konjunktion zum AC). Die Kinder zitterten, wenn er nur seine Stimme erhob. Er war unberechenbar und konnte sich heute über eine Kleinigkeit erregen, über die er tags zuvor nur gelächelt hätte (Sonne in Quadrat zu Uranus). Die Familie lebte deshalb in ständiger Unsicherheit und wußte nie, in welcher Stimmung er von der Arbeit heimkehren würde.

Cina ihrerseits war auch nicht unbedingt umgänglicher. Sonne und Mond standen in ihrem Horoskop im Quadrat zu Pluto, doch projizierte sie diesen Planeten auf ihren Mann (Sonne im Quadrat zu Pluto), so daß die Rollen genau festgelegt waren: Petri war der Henker, Cina das Opfer. Ihr gelang es durch ihre Klagen und ihre scheinbare Schwäche, die Kinder zu beeinflussen und deren Mitgefühl auf sich zu ziehen. Ihr Verhalten wirkte nachgiebig und folgsam, doch gestaltete sie immer wieder Situationen, die ihren Mann zum Explodieren brachten (Mond im Quadrat zu Pluto. Lilith dominant im Quadrat zum Krebs AC und zu Uranus im Steinbock). So wußte sie zum Beispiel sehr genau, daß Petri eine bestimmte Suppe nicht leiden konnte, sie bestand aber darauf, eben diese immer wieder zuzubereiten. Eines Tages warf Petri in einem Wutanfall seiner Frau den Teller mit dem verhaßten Gericht an den Kopf. Derartige Szenen gab es zuhauf, sie waren typisch für das Zusammenleben dieses

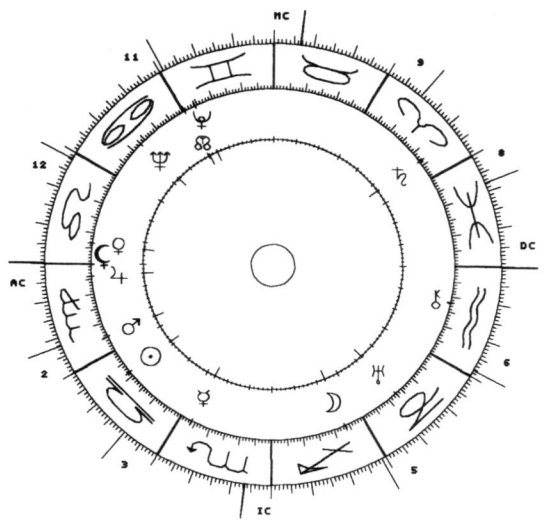

Abb. 44: Petri

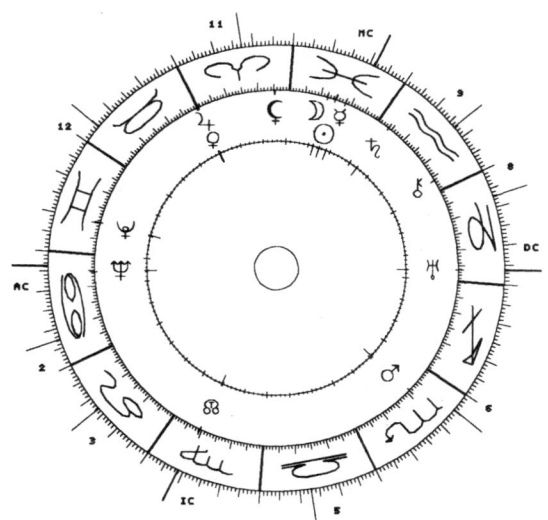

Abb. 45: Cina

Paares. Die Leidtragenden dieser Situation waren natürlich die Kinder – die älteste Tochter näßte bis zu ihrem 14. Lebensjahr ein.

Wie zu erwarten, hatten Cina und Petri auch beträchtliche sexuelle Schwierigkeiten miteinander. Cina fühlte sich sowohl durch ihre strenge Erziehung als auch durch das gereizte Klima in ihrer Ehe blockiert, reagierte darauf mit Frigidität und ließ sich nur selten auf sexuelle Kontakte ein. Im Alter von ungefähr 50 Jahren wurde Petri seiner Frau gegenüber impotent. Er hatte während seiner Ehe immer auch andere Beziehungen gehabt und war stolz auf seine männliche Potenz gewesen, doch nun bekam er keine Erektion mehr, wenn er bei seiner Frau Annäherungsversuche unternahm.

Die Aspekte des Partnervergleichs der traditionellen Planeten zeigen, wie schwierig das Zusammenleben dieser beiden Menschen sein mußte. Außerdem befindet sich Cinas Schwarzer Mond in Opposition zur Sonne ihres Mannes, während sein Schwarzer Mond im Trigon zu ihrer Venus steht. Die weiteren Konstellationen sind: Petris Mond in Opposition zu Cinas Pluto, seine Venus in Opposition zu ihrem Saturn, in Quadrat zu ihrem Mars und in Sextil zu ihrem Pluto. In ihrem Composithoroskop steht die Sonne in Opposition zur Konjunktion Venus-Pluto-Lilith.

Aurelio und Cesira stammen beide aus einer Bauernfamilie und heirateten schon nach einer kurzen Verlobungszeit. Aurelio war immer fröhlich und unbekümmert und in seinen jungen Jahren auch von einer gewissen Originalität. Er liebte Gesellschaft und ein gutes Glas Rotwein, ritt gerne aus und machte häufig Spaß (Sonne in Konjunktion zu Uranus in Schütze, AC in den Zwillingen, Venus in Wassermann). Cesira hingegen war eher ernsthaft und entschieden, ging nicht gerne unter Leute und hatte strenge moralische Prinzipien (Sonne im Skorpion, Aszendent in der Jungfrau, Saturn und Jupiter im Steinbock). Während der Verlobungszeit verlor sie ihren Vater, der vor ihren Augen von den Faschisten umgebracht wurde, als 1921 in

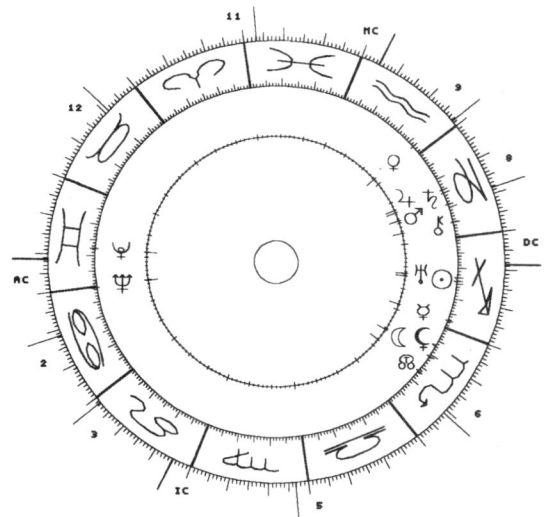

Abb. 46: Aurelio

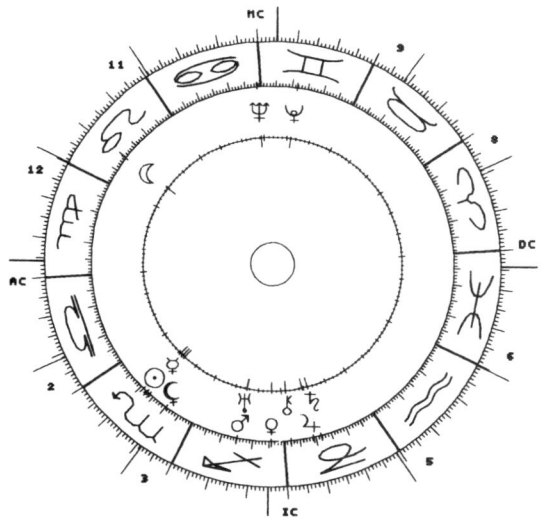

Abb. 47: Cesira

107

Italien die Zeit der Gewalttaten begann. Die Verbindung zwischen Aurelio und Cesira war nie besonders glücklich, denn ihre unterschiedlichen Charaktere gaben immer wieder Anlaß zu Unzufriedenheit und Streit. Im Partnervergleich steht Cesiras Pluto in Opposition zu Aurelios Sonne und ihre Lilith in Konjunktion zu seinem Mond. Während Aurelios Pluto in Opposition zu Cesiras Mars steht, bildet sein Schwarzer Mond ein Quadrat zu ihrem Mond. Im Radixhoroskop hat er Lilith in Konjunktion zum Mond, bei Cesira steht Lilith im Quadrat zum Mond.

Gemäß Cesiras Ansicht waren alle Frauen unmoralisch, weil sie mit ihren Männern intim sein mußten und weil der Sexualakt sie verunreinigte; folglich verweigerte sie sich ihrem Mann häufig. Die beiden zeugten zwei Kinder, die von Cesira streng und mit wenig Herzlichkeit erzogen wurden. Die Mutter gab ihre Ablehnung der Sexualität gegenüber an ihre Kinder weiter. Was Aurelio von seiner Frau nicht bekommen konnte, holte er sich bei anderen. Die Ehe dauerte nicht lange, denn im November 1935 (als Lilith sich im Transit im Quadrat zu seinem Aszendent befand) starb Aurelio bei einem Bergwerksunglück. Der gewaltsame Tod findet im Radixhoroskop seine Entsprechung: in der Konjunktion Plutos zum AC und der Opposition zur Konjunktion Sonne-Uranus, sowie in der Plazierung des Mars im 8. Haus, der Stellung Liliths im 6. Haus (die Arbeit) im Quadrat zum MC. Ich möchte hinzufügen, daß der Tod aus dem persönlichen Horoskop nicht ersichtlich ist, und daß die gleichen Konstellationen in einem anderen Horoskop für das Leben des Geborenen eine völlig andere Bedeutung gewinnen könnten.

Cesira ging danach keine zweite Ehe mehr ein und begründete dies mit einem Treuegelöbnis ihrem Mann gegenüber. Wahrscheinlicher ist jedoch, daß ihre innere Abneigung allem Sexuellen gegenüber sie davon abhielt. Ihr ganzes Leben lang behauptete sie, ihren verstorbenen Mann nachts neben dem Bett zu sehen und dann mit ihm zu sprechen. Es war nie möglich festzustellen, ob es sich dabei um Visionen, Halluzinationen, Träume oder um die Wahrheit handelte. Die Enkelin, die später bei ihr schlief, erwachte, wenn sie die Großmutter reden hörte, konnte aber nie den Geist des Großvaters im gemeinsamen Schlafzimmer sehen.

Im Falle von Enzo und Daniel bildet der Schwarze Mond verschiedene wichtige Aspekte zwischen den Horoskopen dieser beiden Menschen, die seit mehr als 10 Jahren zusammenleben: Der Schwarze Mond Daniels steht im Trigon zu seinem Radixmond und bildet ein Quadrat zum Uranus von Enzo. Enzos Schwarzer Mond wiederum steht in Konjunktion zu Daniels Mars und in Opposition zu dessen Mond. Dennoch handelt es sich hier nicht um eine besonders unglückliche oder schwierige Beziehung, eher im Gegenteil. Die beiden Partner ergänzen einander und führen ein harmonisches Zusammenleben. Wie bei anderen Paaren gibt es auch bei ihnen Konflikte, doch handelt es sich dabei nicht um grundlegende Probleme. Keiner ist dem anderen untreu, ihre Liebesbeziehung ist gleichzeitig auch eine Freundschaft, in der die Partner einander in den verschiedenen Schwierigkeiten des Lebens beistehen und sich gegenseitig unterstützen. In ihrem Schicksal spielt der Schwarze Mond eine andere Rolle als sonst: sie sind kein »normales« Paar, sondern zwei Männer, die sich lieben und zusammenleben. Was ihnen fehlt, sind Nachkommen, und da beide sehr kinderlieb sind, kompensieren sie diesen Mangel, indem sie Hunde und Katzen aufziehen.

Ihre Beziehung scheint mir besonders durch ihre Andersartigkeit konstruktiv zu sein. Bevor sie einander kennenlernten, hatte jeder von ihnen Beziehungen erlebt, die entweder ein schlechtes Ende nahmen oder gar nicht zu realisieren waren, so daß ihre Begegnung, das sich Kennen- und Liebenlernen und schließlich das Zusammenleben wie ein Geschenk des Himmels schien. In ihrem Composithoroskop steht Lilith im 11. Haus (besondere Freundschaften) im Sextil zur Venus, Uranus im 7. Haus mit einem Quadrat zum Mond - diese Aspekte symbolisieren die Andersartigkeit der Beziehung.

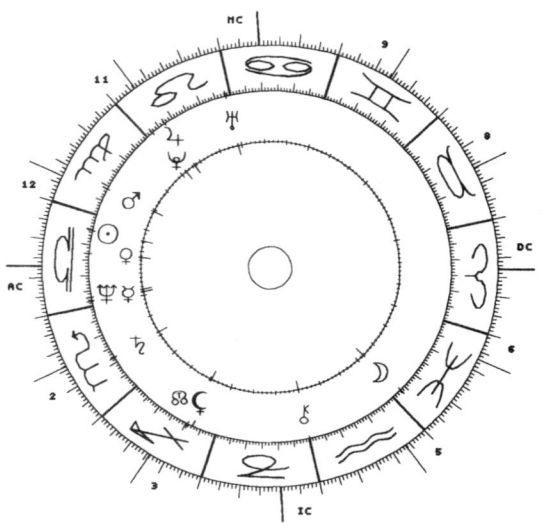

Abb. 48: Enzo

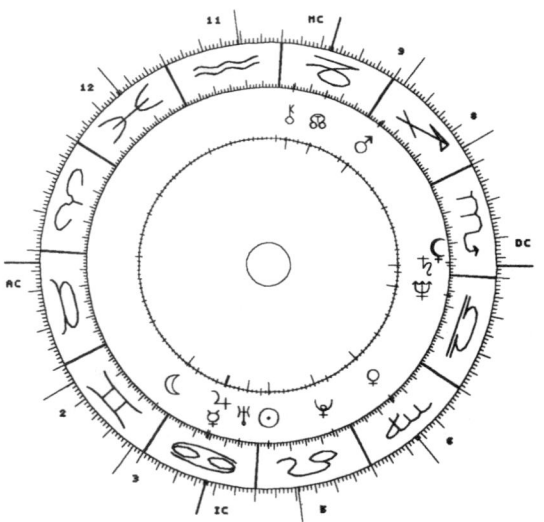

Abb. 49: Daniel

110

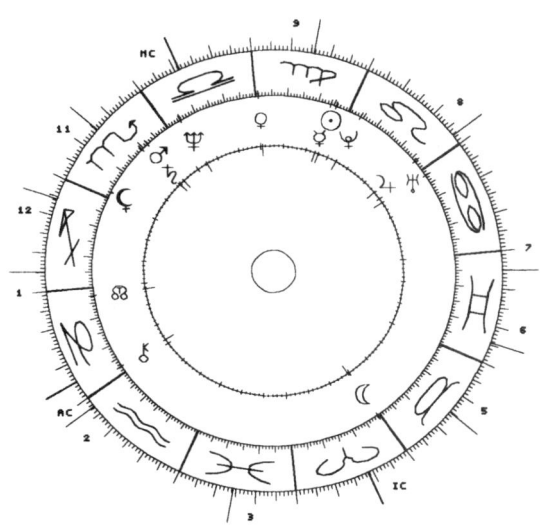

Abb. 50: *Composit Daniel und Enzo*

Die heftige und tragische Liebesgeschichte zwischen dem Dichter Gabriele D'Annunzio und der göttlichen Eleonora Duse stand seit der ersten Begegnung im Jahre 1906 unter dem Einfluß des Schwarzen Mondes. Damals befand sich Lilith im Transit über Pluto und über die Himmelsmitte der Schauspielerin und bildete ein Trigon zu ihrer Radix-Lilith. Gleichzeitig stand der Schwarze Mond in Konjunktion zum AC des Dichters und im Sextil zu dessen Radix-Lilith.

Ihre Verhältnis war sehr bewegt und für die sensible Eleonora, die dem Dichter in selbstloser Liebe ergeben war, eine ständige Erniedrigung. Sie war damals die beliebteste Schauspielerin Italiens, er ein talentierter und ehrgeiziger, jedoch vom Publikum wenig geschätzter Dichter. Eleonora verausgabte sich finanziell völlig, um die Inszenierung seiner Dichtungen zu ermöglichen, und hatte riesige Summen investiert, um seiner Kunst einen prächtigen Rahmen zu verschaffen. Olga Resnevic-Signorelli schreibt dazu in ihrer Biographie:

Endlich klatscht ganz Italien seinem großen tragischen Dichter Gabriele D'Annunzio Beifall. Sechs Jahre lang hat Eleonora Duse mit unvergleichlicher Tapferkeit um eine solche Anerkennung gerungen. Sie hat an seinen Genius geglaubt und von diesem Glauben gelebt. Sie war entflammt, und sie hat entflammt, hat Zeit, Ruhe und Geld verschleudert, um das Licht seiner Kunst leuchten zu lassen. Alles hat sie ertragen, um alles zu geben. Wie in den härtesten Kämpfen ihrer ersten Jugend ist Eleonora wieder einmal ohne Geld, ohne Repertoire und, schlimmer noch, ohne Gesundheit.[27]

Eleonoras Jupiter steht im 2. Haus des Dichters. Alles was D'Annunzio ihr während ihrer Beziehung geben konnte, war – abgesehen von den erotischen Begegnungen am Rande der Perversität – nur ständige und grausame Kritik, die ihr Äußeres, ihre Kunst, ihr Talent, ja ihr ganzes Sein betraf und sie demoralisierte. Dadurch geriet sie in eine schwere persönliche Krise, bis sie die Bühne schließlich aus Unsicherheit ganz verließ (1909). Erst viele Jahre später besaß sie wieder ausreichend Selbstvertrauen, um im Theater aufzutreten (1921). Sie sollte dann aber nur mehr 3 Jahre leben.

In den Grundhoroskopen bildet Eleonoras Schwarzer Mond eine genaue Opposition zur Lilith D'Annunzios. Bei ihm befindet sich der Schwarze Mond im 3. Haus, was genau den heiklen Themen seiner Dramen entspricht. Bei der Duse steht Lilith im 5. Haus – sie war ihre Muse und Inspiration. Jahrelang trat die Schauspielerin nur in Dramen aus der Feder ihres Geliebten auf. Eines der bekanntesten Stücke, *Die Tochter des Jorio* wurde zum persönlichen Erfolg von Eleonora Duse. Im Text dieses Dramas wird der Inzest als Thema deutlich.

Für Maria Callas stand am Ende ihrer Beziehung zu Aristoteles Onassis tiefe Einsamkeit, Schmerz über das klägliche Verhalten des Geliebten, der sie verlassen hatte, und schließlich

27 Olga Resnevic-Signorelli. *Eleonora Duse* (Berlin: Deutscher Verlag, o.J.), p. 104.

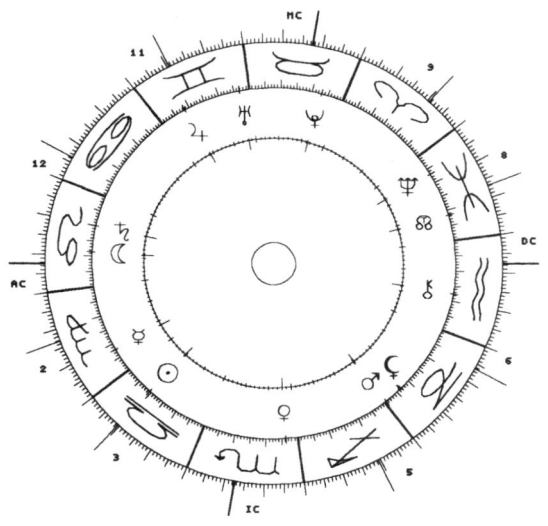

Abb. 51: Eleonora Duse

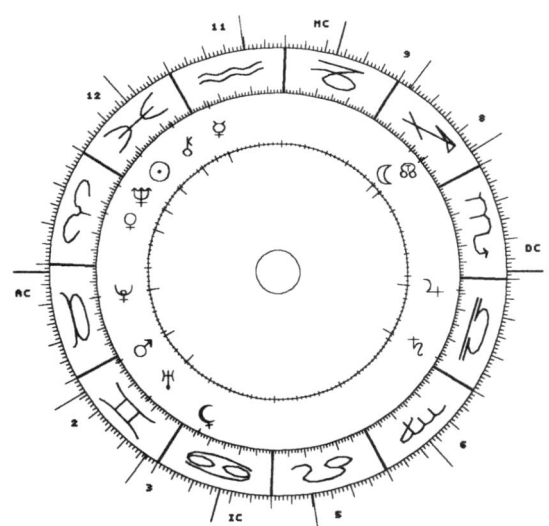

Abb. 52: Gabriele D'Annunzio

113

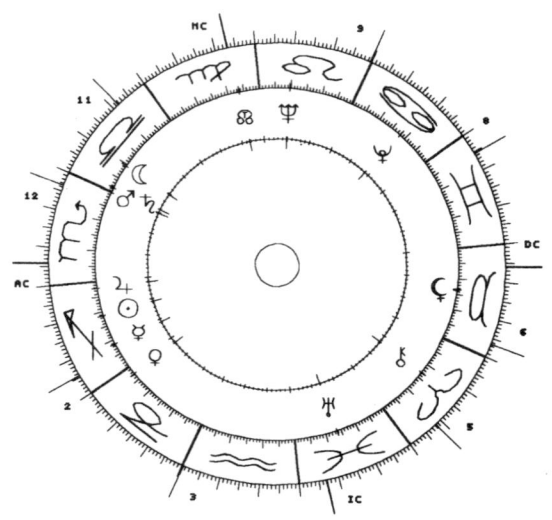

Abb. 53: Maria Callas

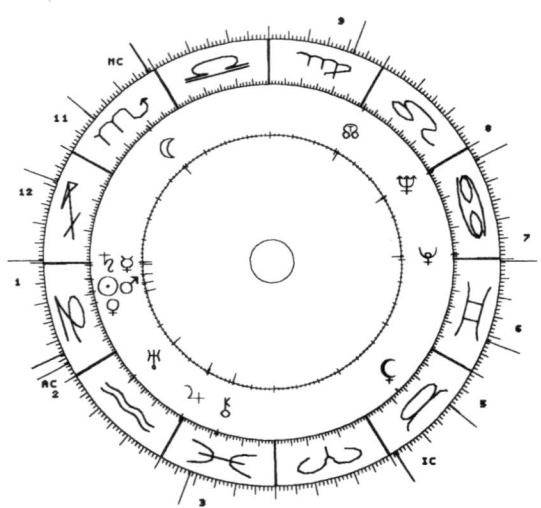

Abb. 54: Composit Callas und Onassis

114

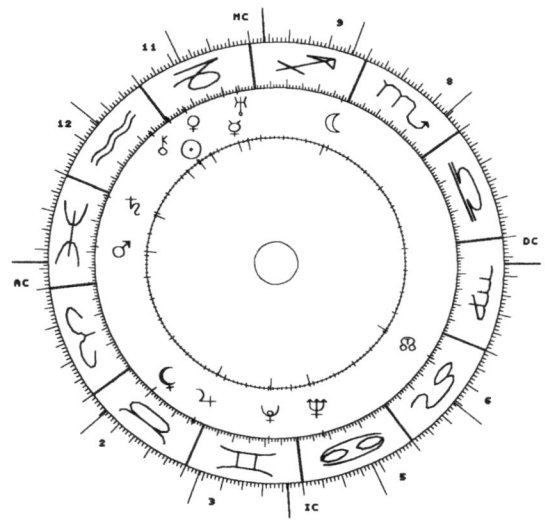

Abb. 55: Aristoteles Onassis

der Tod. Für den griechischen Multimilliardär hatte sie ihre Karriere und eine der stabilsten Ehen in der Welt der Kunst aufgegeben. Sie hatte sich unendlich in Aristoteles verliebt und bei ihm zum ersten Mal die Freuden der Leidenschaft und der Sexualität kennengelernt. Ihre erste Begegnung war zum coup de foudre geworden, nach wenigen Tagen fühlten sie sich einander bereits innerlich verbunden. Dies zeigt sich auch im Composit an der Konjunktion verschiedener Planeten zum Aszendent: Sonne, Mars, Venus, Merkur und Saturn – und alle stehen in Opposition zu Pluto. Lilith befindet sich im 4. Haus, in Opposition zum Mond im 10. Haus. Diese Stellung weist auf die Rolle hin, die das Paar in der öffentlichen Meinung während den fünfziger und sechziger Jahren gespielt hat, als Scheidungen und neue Beziehungen unter den VIPs noch Skandale entfachten. Die Quadrate zwischen Mond und Uranus sowie zwischen Mond und Lilith bestätigen, was Maria

115

Callas den engsten Freunden anvertraute: sie liebte Onassis völlig selbstvergessen, bekam von ihm aber wenig emotionale Geborgenheit und fühlte sich oft erniedrigt. Der griechische Reeder wollte sie nie heiraten, seine Versprechen in dieser Hinsicht waren höchst vage und ensprachen keinem wirklichen Interesse seinerseits. Im Composit steht Neptun im 7. Haus, im Quadrat zum MC – aus der Hochzeit wurde nichts.

Die begnadete Sängerin opferte ihre Stimme, um in seiner Nähe zu sein, und begleitete ihn jeden Abend in die Nachtclubs. Die stolze Persönlichkeit, einst von Impresarios und Kollegen gefürchtet, verwandelte sich in dieser Beziehung zu einer ergebenen Frau, die alle Erniedrigungen durch den Partner ertrug, nur um geliebt zu werden. Onassis selbst versuchte, seine bescheidene Herkunft zu kompensieren, indem er sich an berühmte Frauen band. Dies war geradezu eine Manie, der er bei sämtlichen Bekanntschaften des Jet-Set nachhing. Die Konstellation Venus im Trigon zu Jupiter bestätigt die Aussage seiner Biographen. Am Anfang der Beziehung zu Maria Callas war er regelrecht geblendet vom Ruhm dieser Frau und wollte sie unbedingt für sich haben. Als jedoch die Gestalt der Witwe des Präsidenten Kennedy am Horizont erschien, genügte ihm die berühmteste Sängerin der Welt nicht mehr, er mußte sich noch steigern, indem er eine noch einflußreichere und bekanntere Frau heiratete.

Schließlich zwang er Maria Callas zu einer Abtreibung und verließ sie dann doch, und dies bedeutete ihr Ende. Die letzten Jahre ihres Lebens waren für sie einsam und traurig, sie hatte nichts mehr – keine Liebe, keine Mutterfreuden, keine Karriere. Die Schlaftabletten und Beruhigungsmittel, mit denen sie sich betäubte, führten schließlich zu ihrem frühen Tod.

Ich möchte hier auf die Position Liliths im Radixhoroskop von Maria Callas hinweisen – nur 7 Grad von der Spitze des Hauses der Beziehungen entfernt. Im Horoskop von Aristoteles Onassis läßt die Stellung Liliths im 2. Haus die Annahme zu, daß dieser Mann mit unerlaubten Mitteln zu Reichtum und Macht gelangt ist.

In den Horoskopen von Sharon Tate und Charles Manson spiegelt sich die verhängnisvolle Anziehung zwischen Täter und Opfer wider. Beim Partnervergleich befindet sich die Venus in einem gegenseitigen Quadrat und Lilith steht bei Sharon Tate im Sextil zu Mansons Mars. Sein Pluto befindet sich in Konjunktion zu ihrem AC, während ihr Pluto wiederum in Konjunktion zum Schwarzen Mond ihres Mörders streht. Mansons Mars bildet eine Konjunktion mit dem Mond der Schauspielerin.

Bei der Betrachtung der Radixhoroskope fällt auf, daß Lilith bei Sharon Tate am Aszendenten steht, die Sonne im 7. Haus in Opposition zum Pluto im 1. Haus sowie Mars und Neptun im Quadrat zueinander. All diese Aspekte verweisen auf die erlittene Gewalttat. Die Kombination von Mars und Neptun steht für die sinnlose Gewalttat, deren Ziel und Bedeutung der Künstlerin sicherlich unbegreiflich war.

Mansons Horoskop ist reich an spannungsgeladenen Konstellationen. Pluto und Lilith im 4. Haus lassen vermuten, daß er selbst als Kind das Opfer außergewöhnlicher Gewalt wurde, die als Ursache seiner späteren Greueltaten anzusehen ist. Mars in Konjunktion zu Neptun im 5. Haus scheint mir darauf hinzuweisen, daß seine als religiöser Fanatismus getarnte Mordlust eher aus großen sexuellen Problemen, vielleicht auch aus Impotenz, entstanden ist. Sonne in Konjunktion zu Venus im 7. Haus sowie beide im Quadrat zu Saturn, der Mond im Quadrat zu Jupiter im 7. Haus und im Quadrat zu Uranus zeigen, wie wenig Liebe und Anerkennung ihm als Kind zuteil wurden und wie sehr in seiner Persönlichkeit die Liebesfähigkeit fehlt. Lilith im Quadrat zu Venus und in Opposition zum Mond vervollständigt das Bild dieses verkrüppelten Charakterbildes.

Das Composit der beiden zeigt Lilith in Konjunktion zu Pluto. Venus und Sonne befinden sich im 7. Haus und die Sonne bildet ein Quadrat zu Neptun – all diese Konstellationen

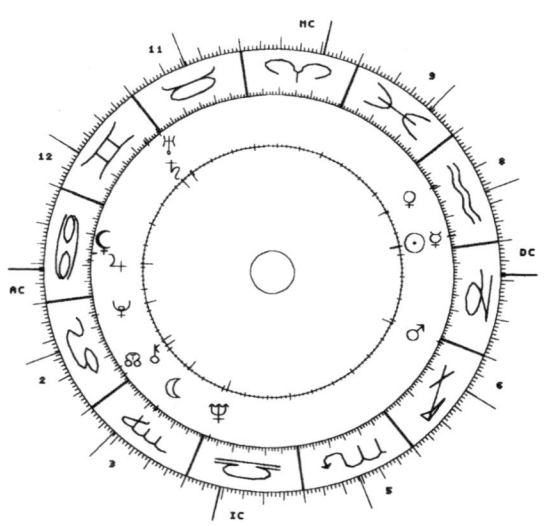

Abb. 56: Sharon Tate

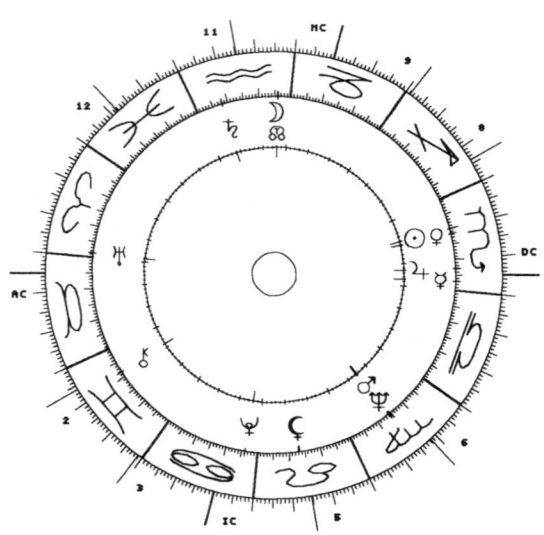

Abb. 57: Charles Manson

118

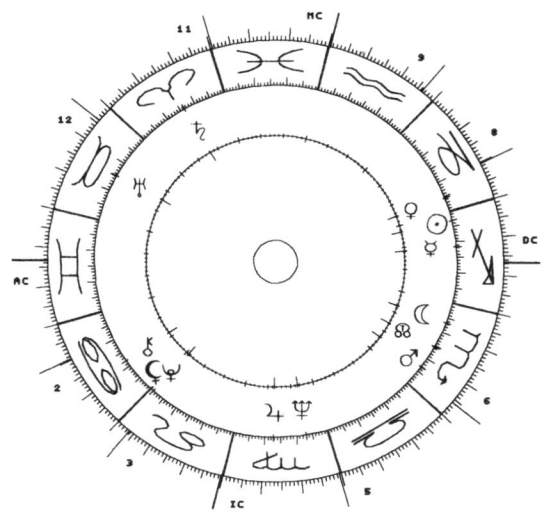

Abb. 58: Composit Tate und Manson

bestätigen die Existenz einer unbewußten Anziehung zwischen den beiden Personen. Zum Abschluß noch ein Blick auf die Transite des Schwarzen Mondes am Mordtag (9. 8. 1969): Sharon Tate's Lilith stand auf 16° Krebs, das heißt also wieder in Konjunktion zu ihrer Radixstellung am AC. Bei Manson bildete Lilith zu jenem Zeitpunkt ein Trigon mit Venus, und Pluto befand sich im Sextil zu seiner eigenen Radixposition.

Ich möchte noch eine andere Täter/Opfer-Beziehung vorstellen. Die Geschichte dieses Kriminalfalles habe ich mit großer Betroffenheit in der astrologischen Zeitschrift *Astrodonna*[28] gelesen. Das Verbrechen erregte in Italien großes Aufsehen und ging als »Mord in der Via Poma« in die Annalen Roms ein. Die Hauptpersonen sind ein schönes Mädchen von 20 Jahren

---

28 L. Penneti und J. Rao »Colpevole o Innocente« in: *Astrodonna*, 1993, Nr. 7, p. 6.

namens Simonetta und ihr vermutlicher Mörder und abgewiesener Verehrer Federico.

Das Mädchen wurde getötet und nackt in den Räumen einer Versicherungsgesellschaft aufgefunden, ihr Körper war durch 23 Stiche mit einem Brieföffner übel zugerichtet worden. Ein Jahr lang tappte die Kriminalpolizei im Dunkeln, bis schließlich Federico Valle, Sohn einer einflußreichen römischen Familie, als mutmaßlicher Täter ermittelt wurde. Federico war in das Mädchen verliebt gewesen und kam nach Aussagen eines Zeugen am Abend des Verbrechens mit einem verletzten Arm nach Hause. Zuvor war er auch in dem Gebäude, in dem sich der Tatort befand, gesehen und erkannt worden.

Die Astrologinnen Penneti und Rao versuchen nun in ihrem Artikel den Vorfall aus astrologischer Sicht zu deuten. Simonetta verfügte über eine sehr anziehende Persönlichkeit (Sonne im Skorpion, Aszendent in der Waage). Das Trigon Uranus-Mars und die Stellung des Uranus am Aszendenten führten zu ihrer Neigung, sich leicht zu verlieben. Sie war auf der Suche nach starken Empfindungen (Lilith im Quadrat zu Venus und Jupiter, Sonne im Skorpion). Saturn fällt in ihrem Horoskop ins 8. Haus, welches Erotik und Tod symbolisiert. Simonetta wirkte nach außen sehr selbstsicher, doch verbarg sie in ihrem Inneren eine große seelische Verletzlichkeit (Venus im Quadrat zu Lilith, Mond im 12. Haus im veränderlichen Zeichen Jungfrau). Die Autorinnen erwähnen die Mondstellung im 12. Haus als Hinweis auf eine »gefangene« Weiblichkeit.

Die gleiche Hausposition des Mondes tritt auch im Horoskop Federicos auf, dessen Persönlichkeit sich darin als sehr widersprüchlich darstellt. Die beiden Astrologinnen führen dies zurecht auf die Steinbock-Sonne im Trigon zum Saturn zurück, die zu Reife und innerem Gleichgewicht führt. Andererseits steht seine Sonne im Sextil zu Mars, was ihm Energie und ein entschiedenes Temperament verleiht. Die Mars/Saturn-Opposition läßt sich als psychischer Block zwischen unterdrückter Energie und Aggressivität betrachten.

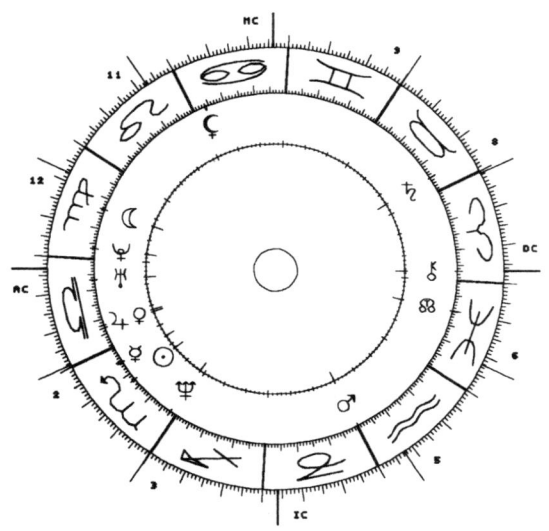

Abb. 59: Simonetta Cesaroni

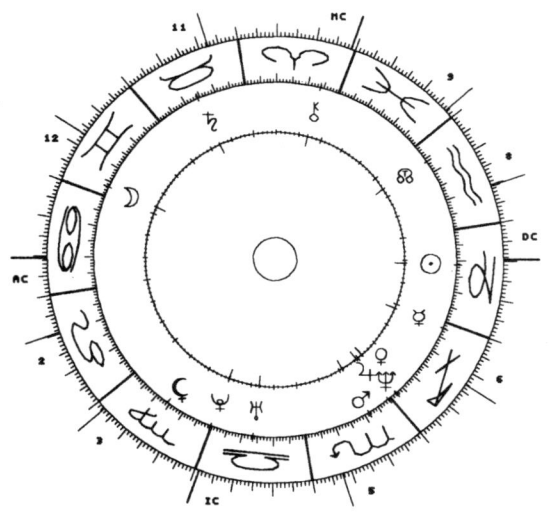

Abb. 60: Federico Valle

121

Der Horoskopvergleich zeigt einige interessante Analogien: Bei beiden steht der Mond im 12. Haus. Simonettas Sonne steht im Skorpion, in welchem sich auch Federicos Mars befindet. Diese Entsprechungen erzeugen bei den Horoskopeignern eine starke gegenseitige Anziehung. Ähnlich wie im Falle Manson-Tate führte die Stellung von Federicos Pluto in Konjunktion zu Simonettas Aszendent zu der anziehenden Kraft, die zwischen Täter und Opfer wirksam wird. Bemerkenswert auch die Synastrie des Schwarzen Mondes. Simomettas Lilith bildet eine Konjunktion mit Federicos Aszendent, während seine Lilith in Konjunktion zu ihrem Radix-Mond steht.

Am Tag des Verbrechens stand der laufende Saturn in Simonettas Horoskop in Opposition zu Lilith und im Quadrat zur Venus. Der transitierende Mars bildete dagegen eine Opposition zur Sonne und zum Uranus am AC. Solche Transite erhöhen die sexuelle Spannung. Simonetta wurde entkleidet aufgefunden und aus dem Autopsiebericht ging hervor, daß sie mit ihrem Mörder Geschlechtsverkehr hatte, und zwar ohne Anzeichen von Gegenwehr.

Die Transite für Federico Valle sahen folgendermaßen aus. Pluto in Konjunktion zum Skorpion-Mars und in Opposition zum Radix-Saturn. An jenem Tag wies diese Winkelstruktur eher eine schwache Wirkung auf, denn der Orbis für die Pluto/Mars-Konjunktion betrug 7°. Doch im Herbst 1992, als sich die Verdachtsmomente gegen ihn verdichteten und erhärteten, stand Pluto in exakter Konjunktion zum Mars. Noch ist das Verbrechen nicht endgültig aufgeklärt, doch Federico bleibt der Hauptverdächtige. Die Autorinnen stellen sich die Frage, ob er eher Opfer oder Täter ist. Sie sind der Ansicht, daß er angesichts der Winkelspannungen seines Radixhoroskopes durchaus der Täter sein könnte, doch halten sie ihn auch für ein Opfer seiner Gefühle, der familiären Intrigen und der beunruhigenden Bindung an Simonetta. Dies führen sie auf seinen Mond im 12. Haus sowie Uranus und Pluto im 4. Haus zurück.

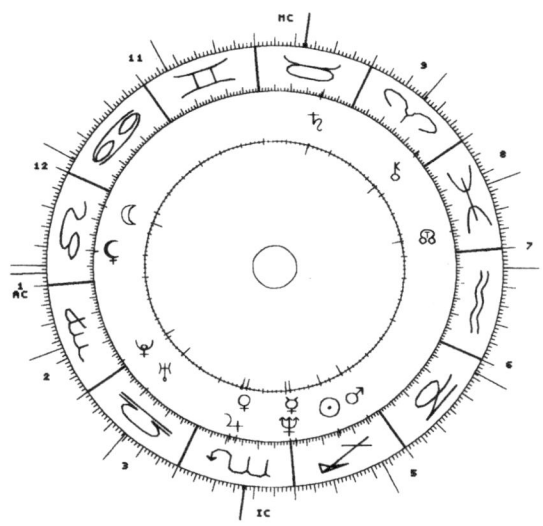

Abb. 61: Composit Simonetta und Federico

Das Composit von Simonetta und Federico enthält etliche gespannte Aspektverbindungen. Mars im Quadrat zu Pluto läßt uns auf psychische und physische Gewalttätigkeit zwischen zwei Menschen schließen. Federico liebte und begehrte Simonetta, die sich jedoch über ihn lustig machte, indem sie mit ihm flirtete, vielleicht sogar mit ihm geschlafen hat, aber seine Liebe nicht erwiderte (Venus Konjunktion Jupiter in Opposition zum Saturn). Ablehnung und Spott könnten die Mars/Pluto-Energie ausgelöst haben. Mond und Lilith stehen im 12. Haus, außerdem steht Lilith im Quadrat zur Venus/Jupiter-Konjunktion sowie im Quadrat zum Saturn. Ich betrachte die Konjunktion Lilith-Mond im 12. Composit-Haus von Federico und Simonetta als Hinweis auf eine Leidenschaft, die für ihn zur Besessenheit geworden war und von ihr als Verfolgung empfunden wurde.

Die Liebe des unglücklichen Kronprinzen Rudolph, Sohn des Kaisers Franz Joseph und der Kaiserin Elisabeth von Österreich, zur jungen Maria Vetsera endete mit einem Doppelselbstmord. Rudolph war für die strenge Disziplin nicht geeignet, die der Vater seinem Thronfolger auferlegen wollte. Bereits als kleines Kind wurde er von seiner Mutter getrennt und seine Erziehung wurde einem General übertragen. Die strenge Zucht sollte ihn widerstandsfähig machen und auf eine militärische Karriere vorbereiten. Eine so sensible und unruhige Persönlichkeit wie Rudolph konnte sich jedoch nicht an die Militärdisziplin gewöhnen (Mars-Opposition-Uranus; Sonne-Quadrat -Uranus).

Kronprinz Rudolph verfügte über andere Talente: Löwe-Sonne im 5. Haus, Merkur im 5. Haus in Opposition zu Neptun sowie seine Waage-Venus im 6. Haus stehen für Kreativität. Der kaiserliche Vater versuchte jedoch mit allen Mitteln, diese kreative Seite seines einzigen Sohnes und Erben zu unterdrücken. Die intellektuelle Begabung wird durch den Aszendenten in den Zwillingen sowie das Trigon Merkurs (des Herrschers des AC) zum Mond und zu Uranus abgebildet. Rudolph schrieb unter einem Pseudonym politische Artikel. Das letzte Kapitel im Leben des unglücklichen Prinzen stand unter dem Zeichen des Untergangs all seiner politischen Ideale, die sich völlig im Gegensatz zu denen seines Vaters befanden. Gleichsam als Gegengewicht zu seiner Rolle als Erbe eines der mächtigsten Reiche Europas (eine Aufgabe, zu der er sich weder geeignet noch hingezogen fühlte), stürzte Rudolph sich in eine frenetische und übertriebene intellektuelle Aktivität, die seinen Verstand benebelte und ihn auf den Weg zur Geisteskrankheit führte. Um sein inneres Unbehagen zu betäuben, suchte er die Lust der Sinne und alle nur möglichen Exzesse. Vor seiner Begegnung mit Maria Vetsera hatte er bereits verschiedene Geliebte und als junger Mann hatte er auch schon eine Affäre mit Marias Mutter Elena. Maria war erst 17 Jahre alt und von Rudolph schwanger, als der Prinz sie zu dem gemeinsamen Selbstmord überredete. Sie war ein außerordentlich romantisches Mädchen (Sonne, Mond, und

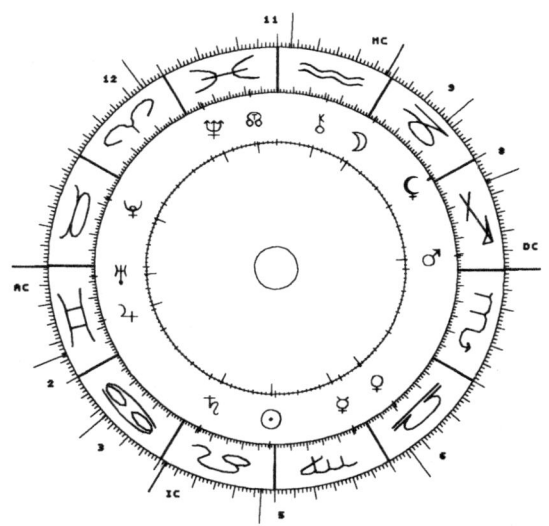

Abb. 62: Rudolf von Habsburg

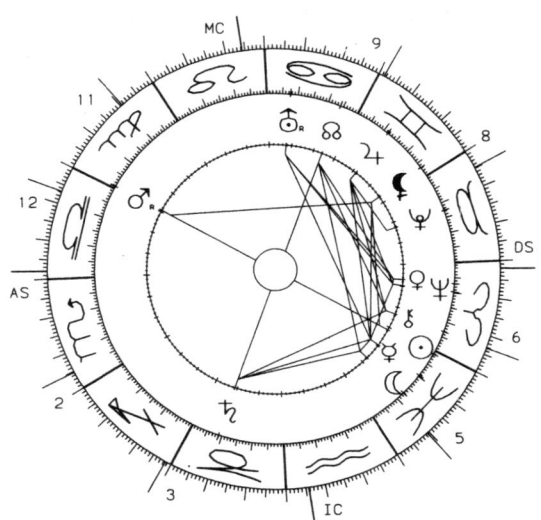

Abb. 63: Maria Vetsera

125

Merkur in den Fischen sowie Venus in Konjunktion zu Neptun im feurigen und idealistischen Widder). Sie liebte den Erzherzog über alles und mit absoluter Hingabe. Rudolph beging nicht Selbstmord, weil er keine Möglichkeit für diese Liebe gesehen hätte, sondern weil er sich in seinem Innersten bereits seit längerer Zeit mit diesem Gedanken beschäftigt hatte. Es war für ihn der einzige Ausweg, um dem Vater und den bevorstehenden Regierungspflichten zu entkommen. Sein Leben war bereits seit geraumer Zeit von Depressionen und selbstzerstörerischen Zwängen beeinträchtigt. Die italienische Astrologin Claudia Bortolano untersuchte sein Horoskop für die Zeitschrift *Linguaggio Astrale* (Nr. 27) und schreibt, daß er besessen war von der Angst vor dem Tod und dem Jenseits. Er wollte gleichsam einen anderen Menschen mitnehmen, der ihn in diesem schrecklichen Augenblick begleiten sollte. Ein Jahr vor seinem Freitod soll er einer anderen Mätresse (Mitzi Caspar) das gleiche Angebot unterbreitet haben, doch diese hatte den Vorschlag zum Doppelselbstmord abgelehnt. So wurde die romantisch veranlagte Maria seine letzte Begleiterin.

Ihr Horoskop weist den Schwarzen Mond im 8. Haus auf, außerdem steht Pluto im 7. Haus - beides Symbole einer verzweifelten Liebe, die zum Tod führt. Jupiter im Haus der sexuellen Leidenschaft (Haus 8), symbolisiert den königlichen Liebhaber, der sie zum Tod entweiht. Der Fische-Mond bezeichnet einen Charakter, der zu Aufopferung und selbst gewähltem Leid neigt.

Im Horoskop des Erzherzogs steht Lilith im 8. Haus als Zeichen für die wahnhafte Angst vor dem Tod und für den Entschluß, seinem Leben dennoch ein Ende zu setzen. Beim Partnervergleich steht Rudolphs Schwarzer Mond im Sextil zu Marias Aszendent. Am Todestag befand sich die transitierende Lilith in Marias Horoskop im 8. Haus in Konjunktion zum Mond, in Rudolphs Horoskop hatte sie den Aszendenten und den Uranus überschritten und war ins 1. Haus eingetreten.

Zum Schluß möchte ich noch hinzufügen, daß sich diese Untersuchung zu Lilith über zwei Jahre erstreckte, in denen ich etwa 300 Horoskope ausgewertet habe. Das Ergebnis liegt hiermit vor; es ist nur ein kleiner Beitrag zur aktuellen Lilith Forschung, die in der Astrologie noch nicht sehr weit gediehen ist. Wir werden uns noch stärker damit beschäftigen müssen, um die Zusammenhänge zwischen dem Schwarzen Mond und besonders dramatischen Schlüsselerlebnissen besser verstehen zu können.

Ich betone nochmals, daß der Einfluß Liliths meiner Ansicht nach fast ausschließlich gleichzeitig mit dem Einfluß anderer Radix-Konstellationen der traditionellen Planeten wirksam wird.

Exkurs in die Astronomie

Lianella Livaldi-Laun und Reinhardt Stiehle

In der Astrologie existieren drei verschiedene kosmische Faktoren, die als Lilith bezeichnet werden, und genau daraus erwachsen erhebliche Verwirrungen. Zunächst gibt es einen Asteroid namens Lilith (No. 1181), der am 11. Februar 1927 in Algier entdeckt wurde und sich auf einer Bahn zwischen Mars und Jupiter bewegt.[29] Die Umlaufzeit beträgt ungefähr vier Jahre, darüberhinaus ist aber selbst den Astronomen wenig über physikalische Beschaffenheit, Helligkeit oder Durchmesser bekannt.

Die eigentliche Unklarheit basiert jedoch darauf, daß im Zusammenhang mit dem Mond zwei Objekte existieren, die man beide als »Lilith« bezeichnet und die deswegen ständig miteinander verwechselt werden. Die englische Literatur versucht dies dadurch zu beheben, daß sie einerseits von *The Dark Moon Lilith* und andererseits von *The Black Moon Lilith* spricht und zur deutlichen Unterscheidung möchten wir dies nachfolgend beibehalten.

Bei dem **Dunklen Mond** handelt es sich um einen vermuteten zweiten Erdtrabanten, der angeblich etwa dreimal so weit von uns weg sein soll wie der Mond und seit nahezu 400 Jahren für

---

29 Eine Kurzbeschreibung inklusive Ephemeride findet sich bei Demetra George *Das Buch der Asteroiden.* (Mössingen: Chiron Verlag, 1991) p. 255f. Außerdem bei J. Lee Lehmann *Lilith* (New York: CAO Times, 1980).

eine kontroverse Diskussion sorgt. Der italienische Astrologe Federico Capone schreibt in seiner Broschüre über die Herkunft des Dunklen Mondes:

Vermutlich war bereits in der ägyptischen Zivilisation ein angeblicher Erdsatellit bekannt, der Nephytis genannt wurde. 1618 oder 1630 – das Datum ist nicht genau belegt – entdeckte der Jesuitenpater und Astrologe aus Ferrara, Giovanni Battista Riccioli, einen schwarzen Stern am Himmel. Er schrieb ihm eine tägliche Laufbahn von 3 Grad zu und nannte ihn wegen seiner dunklen Farbe Schwarzer Mond. Danach wurde dieser kleine Satellit nur selten beobachtet: er sollte während seines Umlaufs im Weltraum unsichtbar und nur während des Vollmonds zu sehen sein, wenn er sich als kleiner Punkt von der leuchtenden Mondoberfläche abhob. Diese Erscheinung soll alle acht Jahre zu beobachten gewesen sein. [30]

Riccioli soll diese seine Entdeckung etliche Jahre später als eine optische Täuschung aufgrund eines Fehlers der Linse seines Teleskopes widerrufen haben. Ende des letzten Jahrhunderts wurde der *Dunkle Mond Lilith* von Dr. Walthemath in Wiesbaden (am 4. Februar 1898, 8:15 Uhr) wiederentdeckt.[31] Waltemath gab als Umlaufzeit um die Erde 119 Tage oder ungefähr 10 Tage pro Tierkreiszeichen an, was einer täglichen Bewegung von 3° 01' entspricht. Walter Gornold, besser bekannt unter seinem schriftstellerischen Pseudonym Sepharial, gab dem Objekt, das meist als dunkle Staubwolke beschrieben wird, den Namen Lilith.[32]

Trotz der unsicheren Forschungsergebnisse wurden in den

---

30 Federico Capone, s.o., p. 25.

31 Delphine Jay nennt noch ein dutzend weitere angebliche Beobachtungsdaten für den davor liegenden Zeitraum in: *Lilith Ephemeris 1900-2000 AD* (Tempe, AFA: 1983) p. 4.

32 Es wird von weiteren Sichtungen gesprochen, so etwa durch Prof. La Paz, Direktor des Institutes für Meteoritenforschung in New Mexiko. Die Moscow News vom 6. August 1966 berichtet von Beobachtungen durch sowjetische Forscher.

fünfziger Jahren die Ephemeriden dieses zweiten kleinen Erd-satelliten ausgearbeitet, wobei sich das Interesse stärker im an-glo-amerikanischen Raum konzentrierte.[33] Die Kontroverse verschärft sich derzeit durch die jüngste Erkenntnis, daß die vorgeschlagene Umlaufbahn für den hypothetischen *Dunklen Mond Lilith* mathematisch gar nicht möglich ist.[34]

In den Schriften des Altertums wurde Lilith, der Erdsatellit, übrigens mit 3 Grad Bewegung in 27 Tagen (Mondtag) geführt. Ihr Symbol waren zwei gekreuzte Halbmonde mit einer Öff-nung in der Mitte als Sinnbild für das weibliche Geschlecht. Das heute vorwiegend verwendete Symbol stellt einen Kreis dar, der diagonal in zwei Hälften geteilt wird. Damit soll bildlich zum Ausdruck gebracht werden, daß der harmonische Fluß des Le-bens gestört wird, und daß man dazu gezwungen wird, sich zwischen den zwei Seiten des Lebens zu entscheiden.

Neben der Suche nach einem existierenden Himmelskörper, der als Lilith identifiziert werden könnte, hat sich im Laufe der Jahre die Tendenz etabliert, bestimmte astronomische Punkte festzulegen, in denen sich kosmische Kräfte konzentrieren. Bei **Lilith, dem Schwarzen Mond**, mit dem wir uns im vorliegen-den Buch beschäftigen, handelt es sich also nicht um einen un-sichtbaren, hypothetischen Erdtrabanten, sondern um einen *sensitiven Punkt.*

Dom Neroman gebührt das Verdienst, dem Schwarzen Mond anfang der dreißiger Jahre den zweiten Brennpunkt der ellipti-schen Mondumlaufbahn als astronomischen Bestimmungs-punkt zugeschrieben zu haben. Der erste Brennpunkt wird von

33 Delphine Jay. *Lilith Ephemeris 1900 - 2000 AD* (Tempe, AFA: 1983) und Ivy M. Goldstein-Jacobsen, *The Dark Moon Lilith in Astrology* (Alhambra: Frank Severy Publishing *1961)* sowie darauf basierend Mae R. Wilson-Ludlum, *Lilith Insight: New Light on the Dark Moon* (Tem-pe: AFA, 1979).
34 gemäß eines mündlichen Statements von Robert Hand gegenüber J. Lee Lehmann, erwähnt in: *The Ultimate Asteroid Book* (West Chester: Whitford Press, 1988) p. 77.

der Erde selbst eingenommen. Neroman ist der Ansicht, daß die elliptische Umlaufbahn einen vitalen Rhythmus erzeugt, den eine Kreisbahn nicht hervorbringen könnte. Der Mond bewegt sich auf seiner Bahn um die Erde mit variabler Geschwindigkeit: diese ist höher, wenn er sich zum Beispiel näher an der Erde befindet, und nimmt mit wachsender Entfernung von der Erde wieder ab. Die größte Entfernung des Mondes von der Erde heißt *Apogäum*, die Stelle der kleinsten Distanz nennt man *Perigäum*.

Die Turiner Astrologin Grazia Mirti drückte dies in einem Seminar folgendermaßen aus:

Die Astronomie lehrt uns, daß die Umlaufbahnen der Erde um die Sonne und des Mondes um die Erde nicht kreisförmig, sondern elliptisch sind. Dies bedeutet, daß ihre Schnelligkeit relativ, nicht gleichmäßig und nur insgesamt zu berechnen ist.

Für Kreis und Ellipse bedient sich Grazia Mirti eines praktischen Beispiels:

Will man z.B. ein kreisförmiges Blumenbeet anlegen, so benötigt man einen Mittelpunkt und einen Radius. Zur Festlegung der Kreisfläche läßt man einfach ein Stück Schnur kreisen. Soll die Form elliptisch sein, benötigt man zwei Pflöcke und läßt die Schnur um beide kreisen – so machen es die Gärtner.[35]

Die beiden Pflöcke entsprechen analog den Brennpunkten der Mondbahnellipse. Es handelt sich bei Lilith um einen leeren, gedachten Punkt, der sich auf der Achse zwischen der Erde und dem Apogäum (der erdfernsten Stelle) des Mondes befindet, also der großen Achse der Ellipse. Dieser Brennpunkt dient dazu, die Ellipse zu polarisieren und ihr eine Orientierung im Kosmos zu verleihen. Die Umlaufzeit von Lilith, dem Schwarzen Mond beträgt 3232 Tage, was ca. 8,9 Jahren oder einer täglichen Bewegung von 6' – 7' entspricht.

Doch damit findet die Diskussion um die astronomische Festlegung Liliths immer noch kein Ende. Manche Forscher

---

35   Grazia Mirti, Lilith Seminar, Turin 1991.

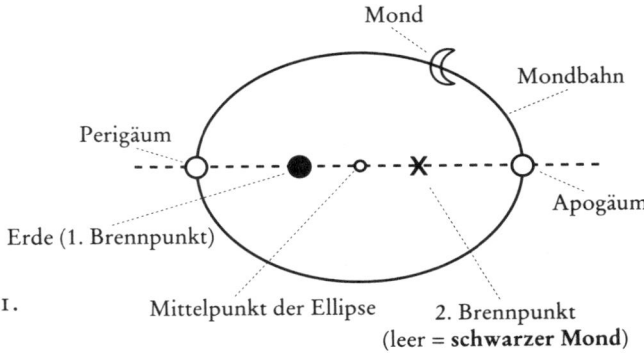

1.

Mond
Mondbahn
Perigäum
Erde (1. Brennpunkt)
Apogäum
Mittelpunkt der Ellipse
2. Brennpunkt
(leer = **schwarzer Mond**)

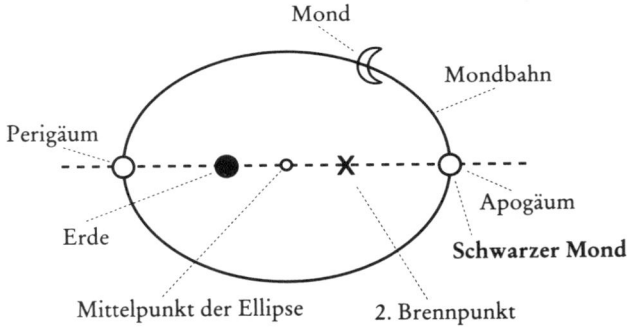

2.

Mond
Mondbahn
Perigäum
Apogäum
Erde
Schwarzer Mond
Mittelpunkt der Ellipse
2. Brennpunkt

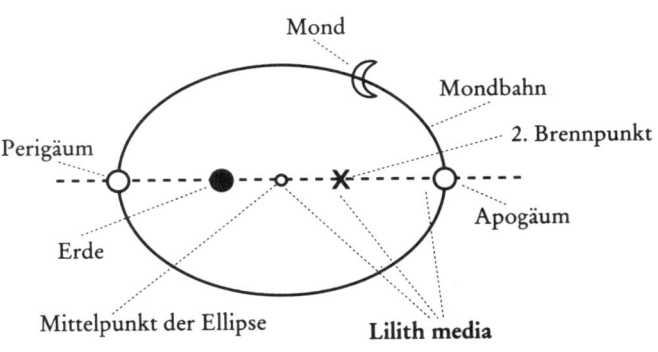

3.

Mond
Mondbahn
2. Brennpunkt
Perigäum
Apogäum
Erde
Mittelpunkt der Ellipse
Lilith media

definieren anstelle des zweiten Brennpunktes das Mondapogä-um als Schwarzen Mond.[36] Lilith wäre demnach Teil einer Ach-se, die sich aus den Mondapsiden berechnen läßt. Für die prak-tische Arbeit wirkt sich diese Unterscheidung jedoch nicht aus, da geozentrisch betrachtet, beide die gleiche Länge und Breite haben.

Ein anderer Ansatz betrachtet den Mittelpunkt der Ellipse des Mondorbits als Lilith. Die jüngste Version ist nun eine Pro-jektion aller drei Punkte, die als Mittelwert des Schwarzen Mondes errechnet werden, die sogenannte »*Lilith media*«. Der französische Gelehrte Max Duval erstellte sehr präzise Eph-emeriden von Lilith, die sowohl die Position des zweiten Brennpunktes als auch den mittleren Schwarzen Mond enthal-ten.[37]

Zusammenfassend sei nochmals auf die Abbildungen auf Seite 133 verwiesen, in der alle drei Varianten graphisch dargestellt wurden.

1. Lilith als zweiter Brennpunkt der Ellipse.

2. Lilith als das Apogäum der elliptischen Mondumlaufbahn.

3. Lilith media als Mittelwert aus Zentrum, zweitem Brenn-punkt und erdfernstem Punkt der Mondumlaufbahn.

Wir möchten nochmals darauf hingewiesen, daß zwischen die-sen drei Punkten nur geringe Abweichungen vorliegen, das heißt die ekliptische Länge und Breite ist für alle drei Punkte fast gleich. Die gebräuchlichen Ephemeriden arbeiten in der Regel nicht mit dem Momentanwert, sondern mit dem zeitlich linear verlaufenden Mittelwert aufgrund langer Beobachtung.

36 siehe hierzu auch die Diskussionsbeiträge in Meridian 2/91 und 3/91. Außerdem Gravelaine S. 10.
37 *Ephemerides 1900 - 2050 Asteroides, Lune-Noire et Chiron* (Saint-Michel: St. Michel Editions, 1989) und: Duval Max und Jean-Marc Font. *Tables du noed lunaire de Lilith et du soliel noir 1900 - 2000* (Paris: Dervy Livres, 1988).

Horoskopeverzeichnis

1 Johann Wolfgang v. Goethe. 28. August 1749, 11h 25m GMT, 08° E 40', 50° N 6'.

2 Wolfgang Amadeus Mozart. 27. Januar 1756, 19h 08m GMT, 13° E 03', 47° N 48'.

3 Vincenzo Bellini. 03. November 1801, 10h 25m LMT, 09° E 12', 45° N 25'.

4 Giacomo Puccini. 22. Dezember 1858, 01h 19m GMT, 10° E 30', 43° N 51'.

5 Richard Strauss. 11. Juni 1864, 05h 13m GMT, 11° W 34', 48° N 08'.

6 Guiseppe Verdi. 10. Oktober 1813, 19h 20m GMT, 10° E 04', 45° N 01'.

7 Russiche Revolution. 08. November 1917, 23h 01m GMT, 30° E 18', 59° N 56'.

8 Fall der Mauer. 09. November 1989, 18h 57m MEZ, 13° E 30', 52° N 30.

9 Terroristin. 29. Juni 1951, 16h MEZ, 12° E 20', 45° N 26'.

10 Terrorist. 05. Juli 1959, 18h MEZ, 09° E 12', 45° N 28'.

11 Franca Viola. 09. Januar 1947, 16h MEZ, 12° E 32', 38° N 01'.

12 Ofelia. 07. Oktober 1929, 12h 40m MEZ, 10° E 32; 42° N 45'.

13 Harry. 27. Januar 1957, 13h 45m MEZ, 08° E 04, 48° N 16'.

14 August Strinberg. 22. Januar 1849, 06h 45m GMT, 18° E 04', 59° N 21'.

15 Guiseppina. 22. September 1964, 04h 59m MEZ, 07° E 30', 47° N 31'.

16 Cesira. 04. November 1901. 03h 05m MEZ, 10° E 46', 42° N 46'.

17 Grazia. 07. Februar 1949, 00h 01m MEZ, 09° E 04', 45° N 48'.

18 Lucrezia. 25. September 1950, 21h 30m MEZ, 10° E 32', 42° N 56°.

19 Romy Schneider. 23. September 1938, 21h 45m MEZ, 16° E 23', 48° N 13'.

20 Marianne Bachmeier. 03. Juni 1950, 12h 55m MEZ, 09° E 52', 52° N 14'.

21 Silvio Berlusconi. 29. September 1936, 06h MEZ, 09° E 12', 45° N 28'.

22 Roberta. 14. Oktober 1960, 22h 10m MEZ, 10° E 32', 42° N 56'.

23 Irene 30. Mai 1953, 23h 50m MEZ, 07° E 49', 48° N 00'.

24 Pier Paolo Pasolini. 05. März 1922, 06h 30m MEZ, 11° E 20', 44° N 30'.

25 Simone de Beauvoir. 09. Januar 1908, 03h 50m GMT, 02° E 20', 48° N 52'.

26 Lilith. 20. Juni 1954, 05h 30m GMT, 08° W 00', 31° N 49'.

27 Paul. 29. November 1952, 10h 47m MEZ, 08° E 2', 47° N 23'.

28 Miretta. 10. April 1930, 10h MEZ, 10° E 32', 42° N 56'.

29 Maria. 11. September 1956, 07h 30m MEZ, 07° E 49', 48° N 00'.

30 Gabi. 17. März 1941, 16h 30m MEZ, 10° E 32', 42° N 56'.

31 Gabriella. 15. Februar 1925, 02h MEZ, 10° E 46', 42° N 46'.

32 Cinzia. 11. Juli 1956, 06h 30m MEZ, 10° E 32', 42° N 56'.

33 Verena. 25. Dezember 1948, 23h 15m MEZ, 09° E 39, 49° N 37'.

34 Julia. 07. August 1992, 11h 13m GMT, 07° E 39', 47° N 36'.

35 Laila. 19. April 1950, 11h 30m MEZ, 10° E 32', 42° N 56'.

36 Riccardo. 19. Juli 1971, 12h MEZ, 10° E 32', 42° N 56'.

37 Marilyn Monroe. 01. Juni 1926, 17h 30m GMT, 118° W 15', 34° N 04'.

38 Christa. 04. September 1943, 12h 30m MEZ, 12° E 23', 52° N 31'.

39 Dino Campana, 20. August 1844, 14h 15m LMT, 11° E 37', 44° N 05'.

40 Friedrich Nietzsche. 15. Oktober 1844, 08h 41m GMT, 12° E 08', 51° N 15'.

41 Guy de Maupassant. 05. August 1850, 07h 56m GMT, 01° E 04', 49° N 55'.

42 Charles Baudelaire. 09. April 1821, 14h 51m GMT, 02° E 20', 48° N 51'.

43 Walter. 24. Dezember 1940, 09h 14m GMT, 09° E 55', 49° N 47'.

44 Petri. 02. Oktober 1908, 03h MEZ, 10° E 32', 42° N 56'.

45 Cina. 06. März 1905, 12h 05m MEZ, 10° E 32', 42° N 56'.

46 Aurelio. 08. Dezember 1901, 17h MEZ, 10° E 40', 42° N 40'.

47 Cesira. 04. November 1901, 03h 05m MEZ, 10° E 46', 42° N 46'.

48 Enzo. 29. September 1955, 07h 10m MEZ, 12° E 10', 42° N 25'.

49 Daniel. 26. Juli 1954, 23h 17m MEZ, 0° E 32', 42° N 56'.

50 Composit Daniel und Enzo.

51 Eleonora Duse. 03. Oktober 1858, 01h 19m GMT, 08° E 51',
   45° N 18'.

52 Gabriele D'Annunzio, 12. März 1863, 07h 03m GMT, 14° E 13',
   42° N 28'.

53 Maria Callas. 04. Dezember 1923, 05h 42m EST, 74° W 01',
   40° N 43'.

54 Composit Callas und Onassis.

55 Aristoteles Onassis. 21. Januar 1906, 10h 00m EET, 27°E 08',
   38° N 26'.

56 Sharon Tate. 24. Januar 1943, 22h 45m GMT, 96° W 48', 32° N 47'.

57 Charles Manson. 12. November 1934, 16h 40m EST, 84° W 31',
   39° N 06'.

58 Composit Tate und Manson.

59 Simonetta Cesaroni. 05. November 1969, 03h 30m MEZ, 12° E 28',
   41° N 53'.

60 Federico Valle. 09. Januar 1971, 17h MEZ, 12° E 28', 41° N 53'.

61 Composit Simonetta und Federico.

62 Rudolf von Habsburg. 21. August 1858, 21h 10m GMT, 16° E 23',
   48° N 13'.

63 Maria Vetsera. 19. März 1871, 20h 45m GMT, 16° E 22', 48° N 13'.

Literaturangaben

ALITI, ANGELIKA. Die Sucht unsterblich zu sein. (Stuttgart: Kreuz Verlag, 1991)

BAUDELAIRE, CHARLES. Blumen des Bösen. (Frankfurt: Insel Verlag, 1976)

CAPONE, FEDERICO. Luna Nera - Lilith: Una Chiarificazione Tra I Due Significati. (Turin: Edizioni Capone, 1978)

COLONNA, MARIA TERESA. Lilith, la Luna nera e l'eros rifiutata. (Firenze: Edizioni Del Riccio, 1980)

DINACCI, ENNIO. Introduzione all'Astrologia psicanalitica. (Turin: Edizioni Capone, o. J.)

DUVAL MAX UND JEAN-MARC FONT. Tables du noed lunaire de Lilith et du soleil noir 1900 - 2000. (Paris: Dervy Livres, 1988)

EPHEMERIDES 1900 - 2050 ASTEROIDES, LUNE-NOIRE ET CHIRON (Saint-Michel: St. Michel Editions, 1989)

GEORGE, DEMETRA. Das Buch der Asteroiden: Astrologie, Psychologie, Mythologie und neue Weiblichkeit. (Mössingen: Chiron Verlag, 1992)

GEORGE, DEMETRA. The Mysteries of the Dark Moon: The Healing Power of the Dark Goddess. (San Francisco: Harper Collins, 1992)

GUIDUCCI, A. All'ombra di ali. (Milano: Rizzoli, 1979)

GOLDSTEIN-JACOBSEN, Ivy M. The Dark Moon Lilith in Astrology. (Alhambra: Frank Severy Publishing, 1961)

GRAVELAINE, JOELLE DE. Lilith der Schwarze Mond: Die Grosse Göttin im Horoskop. (Wettswil: Edition Astrodata, 1990)

HURWITZ, SIEGMUND. Lilith die erste Eva. (Zürich: Daimon Verlag, 1980) .

JAY, DELPHINE. Lilith Ephemeris 1900–2000 AD. (Tempe: AFA, 1983)

KOLTUV, BARBARA. The Book of Lilith. (York Beach: Nicolas-Hayes, 1986)

LEHMANN, J. LEE. The Ultimate Asteroid Book. (West Chester: Whitford Press, 1988)

LEHMANN, J. LEE UND AL H. MORRISON. Lilith. (New York: CAO Times, 1980)

LIVALDI LAUN, LIANELLA: Liebesbeziehungen im Horoskop. (Freiburg: Ebertin Verlag, 1993)

LIVALDI LAUN, LIANELLA: Lilith im Transit. Der Schwarze Mond im Alltag. (Mössingen: Chiron Verlag 2000)

MONTE, FRANCESCO. Astrologia occulta. (Rom: Edizioni Mediterranee, 1979)

NIETZSCHE, FRIEDRICH. Also Sprach Zarathustra. (München: dtv, 1988)

PENNETI, L. UND J. RAO »Colpevole o Innocente« in: Astrodonna, 1993, Nr. 7,

PETERS, H. F. Zarathustras Schwester: Fritz und Lieschen, ein deutsches Trauerspiel. (München: Kindler, 1983)

RESNEVIC-SIGNORELLI, OLGA. Eleonora Duse. (Berlin: Deutscher Verlag, o.J.)

SARTRE, JEAN PAUL. Baudelaire. (Reinbek: rororo, 1978)

SICUTERI, ROBERTO. Astrologie und Mythos. (Braunschweig,: Aurum Verlag, 1993)

SICUTERI, ROBERTO. Lilith, la Luna Nera. (Rom: Astrolabio, 1980)

STASSINOPULOS, A. Die Callas. (München: Knaur Verlag)

WILSON-LUDLUM, MAE R. Lilith Insight: New Light on the Dark Moon. (Tempe: AFA, 1979)

Lilith Ephemeriden 1900 – 2049

Berechnet auf 0h : 00m Ephemeridenzeit
zum 1. des jeweiligen Monats

	1900	1901	1902	1903	1904	1905
Jan	4 ♍ 23	15 ♎ 03	25 ♏ 43	6 ♑ 22	17 ♒ 02	27 ♓ 49
Feb	7 ♍ 50	18 ♎ 30	29 ♏ 10	9 ♑ 50	20 ♒ 29	1 ♈ 16
Mär	10 ♍ 57	21 ♎ 37	2 ♐ 17	12 ♑ 57	23 ♒ 43	4 ♈ 23
Apr	14 ♍ 25	25 ♎ 04	5 ♐ 44	16 ♑ 24	27 ♒ 10	7 ♈ 50
Mai	17 ♍ 45	28 ♎ 25	9 ♐ 05	19 ♑ 44	0 ♓ 31	11 ♈ 11
Jun	21 ♍ 12	1 ♏ 52	12 ♐ 32	23 ♑ 12	3 ♓ 58	14 ♈ 38
Jul	24 ♍ 33	5 ♏ 13	15 ♐ 52	26 ♑ 32	7 ♓ 19	17 ♈ 58
Aug	28 ♍ 00	8 ♏ 40	19 ♐ 20	29 ♑ 59	10 ♓ 46	21 ♈ 26
Sep	1 ♎ 27	12 ♏ 07	22 ♐ 47	3 ♒ 27	14 ♓ 13	24 ♈ 53
Okt	4 ♎ 48	15 ♏ 28	26 ♐ 07	6 ♒ 47	17 ♓ 34	28 ♈ 13
Nov	8 ♎ 15	18 ♏ 55	29 ♐ 35	10 ♒ 14	21 ♓ 01	1 ♉ 41
Dez	11 ♎ 36	22 ♏ 15	2 ♑ 55	13 ♒ 35	24 ♓ 21	5 ♉ 01

	1906	1907	1908	1909	1910	1911
Jan	8 ♉ 28	19 ♊ 08	29 ♋ 48	10 ♍ 34	21 ♎ 14	1 ♐ 54
Feb	11 ♉ 55	22 ♊ 35	3 ♌ 15	14 ♍ 01	24 ♎ 41	5 ♐ 21
Mär	15 ♉ 03	25 ♊ 42	6 ♌ 29	17 ♍ 09	27 ♎ 48	8 ♐ 28
Apr	18 ♉ 30	29 ♊ 10	9 ♌ 56	20 ♍ 36	1 ♏ 16	11 ♐ 56
Mai	21 ♉ 50	2 ♋ 30	13 ♌ 17	23 ♍ 56	4 ♏ 36	15 ♐ 16
Jun	25 ♉ 18	5 ♋ 57	16 ♌ 44	27 ♍ 24	8 ♏ 03	18 ♐ 43
Jul	28 ♉ 38	9 ♋ 18	20 ♌ 04	0 ♎ 44	11 ♏ 24	22 ♐ 04
Aug	2 ♊ 05	12 ♋ 45	23 ♌ 32	4 ♎ 11	14 ♏ 51	25 ♐ 31
Sep	5 ♊ 33	16 ♋ 12	26 ♌ 59	7 ♎ 38	18 ♏ 18	28 ♐ 58
Okt	8 ♊ 53	19 ♋ 33	0 ♍ 19	10 ♎ 59	21 ♏ 39	2 ♑ 19
Nov	12 ♊ 20	23 ♋ 00	3 ♍ 46	14 ♎ 26	25 ♏ 06	5 ♑ 46
Dez	15 ♊ 41	26 ♋ 21	7 ♍ 07	17 ♎ 47	28 ♏ 26	9 ♑ 06

	1912	1913	1914	1915	1916	1917
Jan	12 ♑ 33	23 ♒ 20	4 ♈ 00	14 ♉ 39	25 ♊ 19	6 ♌ 06
Feb	16 ♑ 01	26 ♒ 47	7 ♈ 27	18 ♉ 07	28 ♊ 46	9 ♌ 33
Mär	19 ♑ 15	29 ♒ 54	10 ♈ 34	21 ♉ 14	2 ♋ 00	12 ♌ 40
Apr	22 ♑ 42	3 ♓ 21	14 ♈ 01	24 ♉ 41	5 ♋ 27	16 ♌ 07
Mai	26 ♑ 02	6 ♓ 42	17 ♈ 22	28 ♉ 01	8 ♋ 48	19 ♌ 28
Jun	29 ♑ 29	10 ♓ 09	20 ♈ 49	1 ♊ 29	12 ♋ 15	22 ♌ 55
Jul	2 ♒ 50	13 ♓ 30	24 ♈ 09	4 ♊ 49	15 ♋ 36	26 ♌ 15
Aug	6 ♒ 17	16 ♓ 57	27 ♈ 37	8 ♊ 16	19 ♋ 03	29 ♌ 43
Sep	9 ♒ 44	20 ♓ 24	1 ♉ 04	11 ♊ 44	22 ♋ 30	3 ♍ 10
Okt	13 ♒ 06	23 ♓ 45	4 ♉ 24	15 ♊ 04	25 ♋ 51	6 ♍ 30
Nov	16 ♒ 32	27 ♓ 12	7 ♉ 52	18 ♊ 31	29 ♋ 18	9 ♍ 58
Dez	19 ♒ 53	0 ♈ 32	11 ♉ 12	21 ♊ 52	2 ♌ 38	13 ♍ 18

	1918	1919	1920	1921	1922	1923
Jan	16 ♍ 45	27 ♎ 25	8 ♐ 05	18 ♑ 51	29 ♒ 31	10 ♈ 11
Feb	20 ♍ 13	0 ♏ 52	11 ♐ 32	22 ♑ 18	2 ♓ 58	13 ♈ 38
Mär	23 ♍ 20	3 ♏ 59	14 ♐ 46	25 ♑ 26	6 ♓ 05	16 ♈ 45
Apr	26 ♍ 47	7 ♏ 27	18 ♐ 13	28 ♑ 53	9 ♓ 33	20 ♈ 12
Mai	0 ♎ 07	10 ♏ 47	21 ♐ 34	2 ♒ 13	12 ♓ 53	23 ♈ 33
Jun	3 ♎ 35	14 ♏ 14	25 ♐ 01	5 ♒ 41	16 ♓ 20	27 ♈ 00
Jul	6 ♎ 55	17 ♏ 35	28 ♐ 21	9 ♒ 01	19 ♓ 41	0 ♉ 21
Aug	10 ♎ 22	21 ♏ 02	1 ♑ 49	12 ♒ 28	23 ♓ 08	3 ♉ 48
Sep	13 ♎ 50	24 ♏ 29	5 ♑ 16	15 ♒ 56	26 ♓ 35	7 ♉ 15
Okt	17 ♎ 10	27 ♏ 50	8 ♑ 36	19 ♒ 16	29 ♓ 56	10 ♉ 36
Nov	20 ♎ 37	1 ♐ 17	12 ♑ 03	22 ♒ 43	3 ♈ 23	14 ♉ 03
Dez	23 ♎ 58	4 ♐ 38	15 ♑ 24	26 ♒ 04	6 ♈ 44	17 ♉ 23

	1924	1925	1926	1927	1928	1929
Jan	20 ♉ 50	1 ♋ 37	12 ♌ 17	22 ♍ 56	3 ♏ 36	14 ♐ 23
Feb	24 ♉ 18	5 ♋ 04	15 ♌ 44	26 ♍ 24	7 ♏ 03	17 ♐ 50
Mär	27 ♉ 32	8 ♋ 11	18 ♌ 51	29 ♍ 31	10 ♏ 17	20 ♐ 57
Apr	0 ♊ 59	11 ♋ 38	22 ♌ 18	2 ♎ 58	13 ♏ 44	24 ♐ 24
Mai	4 ♊ 19	14 ♋ 59	25 ♌ 39	6 ♎ 19	17 ♏ 05	27 ♐ 45
Jun	7 ♊ 46	18 ♋ 26	29 ♌ 06	9 ♎ 46	20 ♏ 32	1 ♑ 12
Jul	11 ♊ 07	21 ♋ 47	2 ♍ 26	13 ♎ 06	23 ♏ 53	4 ♑ 32
Aug	14 ♊ 34	25 ♋ 14	5 ♍ 54	16 ♎ 33	27 ♏ 30	8 ♑ 00
Sep	18 ♊ 01	28 ♋ 41	9 ♍ 21	20 ♎ 01	0 ♐ 47	11 ♑ 27
Okt	21 ♊ 22	2 ♌ 02	12 ♍ 41	23 ♎ 21	4 ♐ 08	14 ♑ 47
Nov	24 ♊ 49	5 ♌ 29	16 ♍ 09	26 ♎ 48	7 ♐ 35	18 ♑ 15
Dez	28 ♊ 10	8 ♌ 49	19 ♍ 29	0 ♏ 09	10 ♐ 55	21 ♑ 35

	1930	1931	1932	1933	1934	1935
Jan	25 ♑ 02	5 ♓ 42	16 ♈ 22	27 ♉ 08	7 ♋ 48	18 ♌ 28
Feb	28 ♑ 30	9 ♓ 09	19 ♈ 49	0 ♊ 35	11 ♋ 15	21 ♌ 55
Mär	1 ♒ 37	12 ♓ 16	23 ♈ 03	3 ♊ 43	14 ♋ 22	25 ♌ 02
Apr	5 ♒ 04	15 ♓ 44	26 ♈ 30	7 ♊ 10	17 ♋ 50	28 ♌ 29
Mai	8 ♒ 24	19 ♓ 04	29 ♈ 51	10 ♊ 30	21 ♋ 10	1 ♍ 50
Jun	11 ♒ 52	22 ♓ 31	3 ♉ 18	13 ♊ 58	24 ♋ 37	5 ♍ 17
Jul	15 ♒ 12	25 ♓ 52	6 ♉ 38	17 ♊ 18	27 ♋ 58	8 ♍ 38
Aug	18 ♒ 39	29 ♓ 19	10 ♉ 06	20 ♊ 45	1 ♌ 25	12 ♍ 05
Sep	22 ♒ 07	2 ♈ 46	13 ♉ 33	24 ♊ 13	4 ♌ 52	15 ♍ 32
Okt	25 ♒ 27	6 ♈ 07	16 ♉ 53	27 ♊ 33	8 ♌ 13	18 ♍ 53
Nov	28 ♒ 54	9 ♈ 34	20 ♉ 21	1 ♋ 00	11 ♌ 40	22 ♍ 20
Dez	2 ♓ 15	12 ♈ 55	23 ♉ 41	4 ♋ 21	15 ♌ 01	25 ♍ 40

143

	1936	1937	1938	1939	1940	1941
Jan	29 ♍ 07	9 ♏ 54	20 ♐ 34	1 ♒ 13	11 ♓ 53	22 ♈ 40
Feb	2 ♎ 35	13 ♏ 21	24 ♐ 01	4 ♒ 41	15 ♓ 20	26 ♈ 07
Mär	5 ♎ 49	16 ♏ 28	27 ♐ 08	7 ♒ 48	18 ♓ 34	29 ♈ 14
Apr	9 ♎ 16	19 ♏ 55	0 ♑ 35	11 ♒ 15	22 ♓ 01	2 ♉ 41
Mai	12 ♎ 36	23 ♏ 16	3 ♑ 56	14 ♒ 36	25 ♓ 22	6 ♉ 02
Jun	16 ♎ 03	26 ♏ 43	7 ♑ 23	18 ♒ 03	28 ♓ 49	9 ♉ 29
Jul	19 ♎ 24	0 ♐ 04	10 ♑ 43	21 ♒ 23	2 ♈ 10	12 ♉ 49
Aug	22 ♎ 51	3 ♐ 31	14 ♑ 11	24 ♒ 50	5 ♈ 37	16 ♉ 17
Sep	26 ♎ 18	6 ♐ 58	17 ♑ 38	28 ♒ 18	9 ♈ 04	19 ♉ 44
Okt	29 ♎ 39	10 ♐ 19	20 ♑ 58	1 ♓ 38	12 ♈ 25	23 ♉ 04
Nov	3 ♏ 06	13 ♐ 46	24 ♑ 26	5 ♓ 05	15 ♈ 52	26 ♉ 32
Dez	6 ♏ 27	17 ♐ 06	27 ♑ 46	8 ♓ 26	19 ♈ 12	29 ♉ 52

	1942	1943	1944	1945	1946	1947
Jan	3 ♊ 19	13 ♋ 59	24 ♌ 39	5 ♎ 25	16 ♏ 05	26 ♐ 45
Feb	6 ♊ 47	17 ♋ 26	28 ♌ 06	8 ♎ 52	19 ♏ 32	0 ♑ 12
Mär	9 ♊ 54	20 ♋ 33	1 ♍ 20	12 ♎ 00	22 ♏ 39	3 ♑ 19
Apr	13 ♊ 21	24 ♋ 01	4 ♍ 47	15 ♎ 27	26 ♏ 07	6 ♑ 46
Mai	16 ♊ 41	27 ♋ 21	8 ♍ 08	18 ♎ 47	29 ♏ 27	10 ♑ 07
Jun	20 ♊ 09	0 ♌ 48	11 ♍ 35	22 ♎ 15	2 ♐ 54	13 ♑ 34
Jul	23 ♊ 29	4 ♌ 09	14 ♍ 55	25 ♎ 35	6 ♐ 15	16 ♑ 55
Aug	26 ♊ 56	7 ♌ 36	18 ♍ 23	29 ♎ 02	9 ♐ 42	20 ♑ 22
Sep	0 ♋ 24	11 ♌ 03	21 ♍ 50	2 ♏ 30	13 ♐ 09	23 ♑ 49
Okt	3 ♋ 44	14 ♌ 24	25 ♍ 10	5 ♏ 50	16 ♐ 30	27 ♑ 10
Nov	7 ♋ 11	17 ♌ 51	28 ♍ 37	9 ♏ 17	19 ♐ 57	0 ♒ 37
Dez	10 ♋ 32	21 ♌ 12	1 ♎ 58	12 ♏ 38	23 ♐ 18	3 ♒ 57

144

	1948	1949	1950	1951	1952	1953
Jan	7 ♒ 24	18 ♓ 11	28 ♈ 51	9 ♊ 30	20 ♋ 10	0 ♍ 57
Feb	10 ♒ 52	21 ♓ 38	2 ♉ 18	12 ♊ 58	23 ♋ 37	4 ♍ 24
Mär	14 ♒ 06	24 ♓ 45	5 ♉ 25	16 ♊ 05	26 ♋ 51	7 ♍ 31
Apr	17 ♒ 33	28 ♓ 12	8 ♉ 52	19 ♊ 32	0 ♌ 18	10 ♍ 58
Mai	20 ♒ 53	1 ♈ 33	12 ♉ 13	22 ♊ 52	3 ♌ 39	14 ♍ 19
Jun	24 ♒ 20	5 ♈ 00	15 ♉ 40	26 ♊ 20	7 ♌ 06	17 ♍ 46
Jul	27 ♒ 41	8 ♈ 21	19 ♉ 00	29 ♊ 40	10 ♌ 27	21 ♍ 06
Aug	1 ♓ 08	11 ♈ 48	22 ♉ 28	3 ♋ 07	13 ♌ 54	24 ♍ 34
Sep	4 ♓ 35	15 ♈ 15	25 ♉ 55	6 ♋ 35	17 ♌ 21	28 ♍ 01
Okt	7 ♓ 56	18 ♈ 36	29 ♉ 15	9 ♋ 55	20 ♌ 42	1 ♎ 21
Nov	11 ♓ 23	22 ♈ 03	2 ♊ 43	13 ♋ 22	24 ♌ 09	4 ♎ 49
Dez	14 ♓ 44	25 ♈ 23	6 ♊ 03	16 ♋ 43	27 ♌ 29	8 ♎ 09

	1954	1955	1956	1957	1958	1959
Jan	11 ♎ 36	22 ♏ 16	2 ♑ 56	13 ♒ 42	24 ♓ 22	5 ♉ 02
Feb	15 ♎ 04	25 ♏ 43	6 ♑ 23	17 ♒ 09	27 ♓ 49	8 ♉ 29
Mär	18 ♎ 11	28 ♏ 50	9 ♑ 37	20 ♒ 17	0 ♈ 56	11 ♉ 36
Apr	21 ♎ 38	2 ♐ 18	13 ♑ 04	23 ♒ 44	4 ♈ 24	15 ♉ 03
Mai	24 ♎ 58	5 ♐ 38	16 ♑ 25	27 ♒ 04	7 ♈ 44	18 ♉ 24
Jun	28 ♎ 25	9 ♐ 05	19 ♑ 52	0 ♓ 04	11 ♈ 11	21 ♉ 51
Jul	1 ♏ 46	12 ♐ 26	23 ♑ 12	3 ♓ 52	14 ♈ 32	25 ♉ 12
Aug	5 ♏ 13	15 ♐ 53	26 ♑ 40	7 ♓ 19	17 ♈ 59	28 ♉ 39
Sep	8 ♏ 41	19 ♐ 20	0 ♒ 07	10 ♓ 46	21 ♈ 26	2 ♊ 06
Okt	12 ♏ 01	22 ♐ 41	3 ♒ 27	14 ♓ 07	24 ♈ 47	5 ♊ 26
Nov	15 ♏ 28	26 ♐ 08	6 ♒ 54	17 ♓ 34	28 ♈ 14	8 ♊ 54
Dez	18 ♏ 49	29 ♐ 29	10 ♒ 15	20 ♓ 55	1 ♉ 34	12 ♊ 14

	1960	1961	1962	1963	1964	1965
Jan	15 ♊ 41	26 ♋ 28	7 ♍ 08	17 ♎ 47	28 ♏ 27	9 ♑ 14
Feb	19 ♊ 09	29 ♋ 55	10 ♍ 35	21 ♎ 15	1 ♐ 54	12 ♑ 41
Mär	22 ♊ 22	3 ♌ 02	13 ♍ 42	24 ♎ 22	5 ♐ 08	15 ♑ 48
Apr	25 ♊ 50	6 ♌ 29	17 ♍ 09	27 ♎ 49	8 ♐ 35	19 ♑ 15
Mai	29 ♊ 10	9 ♌ 50	20 ♍ 30	1 ♏ 09	11 ♐ 56	22 ♑ 36
Jun	2 ♋ 37	13 ♌ 17	23 ♍ 57	4 ♏ 37	15 ♐ 23	26 ♑ 03
Jul	5 ♋ 58	16 ♌ 38	27 ♍ 17	7 ♏ 57	18 ♐ 44	29 ♑ 23
Aug	9 ♋ 25	20 ♌ 05	0 ♎ 45	11 ♏ 24	22 ♐ 11	2 ♒ 51
Sep	12 ♋ 52	23 ♌ 32	4 ♎ 12	14 ♏ 52	25 ♐ 38	6 ♒ 18
Okt	16 ♋ 13	26 ♌ 53	7 ♎ 32	18 ♏ 12	28 ♐ 59	9 ♒ 38
Nov	19 ♋ 40	0 ♍ 20	11 ♎ 00	21 ♏ 39	2 ♑ 26	13 ♒ 06
Dez	23 ♋ 01	3 ♍ 40	14 ♎ 20	25 ♏ 00	5 ♑ 46	16 ♒ 26

	1966	1967	1968	1969	1970	1971
Jan	19 ♒ 51	0 ♈ 33	11 ♉ 13	21 ♊ 59	2 ♌ 39	13 ♍ 19
Feb	23 ♒ 20	4 ♈ 00	14 ♉ 40	25 ♊ 26	6 ♌ 06	16 ♍ 46
Mär	26 ♒ 28	7 ♈ 07	17 ♉ 54	28 ♊ 34	9 ♌ 13	19 ♍ 53
Apr	29 ♒ 55	10 ♈ 35	21 ♉ 21	2 ♋ 01	12 ♌ 40	23 ♍ 20
Mai	3 ♓ 15	13 ♈ 55	24 ♉ 42	5 ♋ 21	16 ♌ 01	26 ♍ 41
Jun	6 ♓ 43	17 ♈ 22	28 ♉ 09	8 ♋ 48	19 ♌ 28	0 ♎ 08
Jul	10 ♓ 03	20 ♈ 43	1 ♊ 29	12 ♋ 09	22 ♌ 49	3 ♎ 28
Aug	13 ♓ 30	24 ♈ 10	4 ♊ 56	15 ♋ 36	26 ♌ 16	6 ♎ 56
Sep	16 ♓ 58	27 ♈ 37	8 ♊ 24	19 ♋ 03	29 ♌ 43	10 ♎ 23
Okt	20 ♓ 18	0 ♉ 58	11 ♊ 44	22 ♋ 24	3 ♍ 04	13 ♎ 43
Nov	23 ♓ 45	4 ♉ 25	15 ♊ 11	25 ♋ 51	6 ♍ 31	17 ♎ 11
Dez	27 ♓ 06	7 ♉ 46	18 ♊ 32	29 ♋ 12	9 ♍ 51	20 ♎ 31

146

	1972	1973	1974	1975	1976	1977
Jan	23 ♎ 58	4 ♐ 45	15 ♑ 25	26 ♒ 04	6 ♈ 44	17 ♉ 30
Feb	27 ♎ 26	8 ♐ 12	18 ♑ 52	29 ♒ 31	10 ♈ 11	20 ♉ 58
Mär	0 ♏ 39	11 ♐ 19	21 ♑ 59	2 ♓ 39	13 ♈ 25	24 ♉ 05
Apr	4 ♏ 07	14 ♐ 46	25 ♑ 26	6 ♓ 05	16 ♈ 52	27 ♉ 32
Mai	7 ♏ 27	18 ♐ 07	28 ♑ 47	9 ♓ 26	20 ♈ 13	0 ♊ 53
Jun	10 ♏ 54	21 ♐ 34	2 ♒ 14	12 ♓ 54	23 ♈ 40	4 ♊ 20
Jul	14 ♏ 15	24 ♐ 55	5 ♒ 34	16 ♓ 14	27 ♈ 01	7 ♊ 40
Aug	17 ♏ 42	28 ♐ 22	9 ♒ 02	19 ♓ 41	0 ♉ 28	11 ♊ 08
Sep	21 ♏ 09	1 ♑ 49	12 ♒ 29	23 ♓ 09	3 ♉ 55	14 ♊ 35
Okt	24 ♏ 30	5 ♑ 10	15 ♒ 49	26 ♓ 29	7 ♉ 16	17 ♊ 55
Nov	27 ♏ 57	8 ♑ 37	19 ♒ 17	29 ♓ 56	10 ♉ 43	21 ♊ 22
Dez	1 ♐ 18	11 ♑ 57	22 ♒ 37	3 ♈ 17	14 ♉ 03	24 ♊ 43

	1978	1979	1980	1981	1982	1983
Jan	28 ♊ 10	8 ♌ 50	19 ♍ 30	0 ♏ 16	10 ♐ 56	21 ♑ 36
Feb	1 ♋ 37	12 ♌ 17	22 ♍ 57	3 ♏ 43	14 ♐ 23	25 ♑ 03
Mär	4 ♋ 35	15 ♌ 24	26 ♍ 11	6 ♏ 50	17 ♐ 30	28 ♑ 10
Apr	8 ♋ 12	18 ♌ 52	29 ♍ 38	10 ♏ 18	20 ♐ 57	1 ♒ 37
Mai	11 ♋ 32	22 ♌ 12	2 ♎ 58	13 ♏ 38	24 ♐ 18	4 ♒ 58
Jun	15 ♋ 00	25 ♌ 39	6 ♎ 26	17 ♏ 05	27 ♐ 45	8 ♒ 25
Jul	18 ♋ 20	29 ♌ 00	9 ♎ 46	20 ♏ 26	1 ♑ 06	11 ♒ 45
Aug	21 ♋ 47	2 ♍ 27	13 ♎ 13	23 ♏ 53	4 ♑ 33	15 ♒ 13
Sep	25 ♋ 14	5 ♍ 54	16 ♎ 41	27 ♏ 20	8 ♑ 00	18 ♒ 40
Okt	28 ♋ 35	9 ♍ 15	20 ♎ 01	0 ♐ 41	11 ♑ 21	22 ♒ 00
Nov	2 ♌ 02	12 ♍ 42	23 ♎ 28	4 ♐ 08	14 ♑ 48	25 ♒ 28
Dez	5 ♌ 32	16 ♍ 02	26 ♎ 49	7 ♐ 29	18 ♑ 08	26 ♒ 48

	1984	1985	1986	1987	1988	1989
Jan	2 ♓ 15	13 ♈ 02	23 ♉ 41	4 ♋ 21	15 ♌ 01	25 ♍ 47
Feb	5 ♓ 43	16 ♈ 26	27 ♉ 09	7 ♋ 48	18 ♌ 28	29 ♍ 15
Mär	8 ♓ 56	19 ♈ 36	0 ♊ 16	10 ♋ 56	21 ♌ 42	2 ♎ 22
Apr	12 ♓ 24	23 ♈ 03	3 ♊ 43	14 ♋ 23	25 ♌ 09	5 ♎ 49
Mai	15 ♓ 44	26 ♈ 24	7 ♊ 04	17 ♋ 43	28 ♌ 30	9 ♎ 09
Jun	19 ♓ 11	29 ♈ 51	10 ♊ 31	21 ♋ 11	1 ♍ 57	12 ♎ 37
Jul	22 ♓ 32	3 ♉ 12	13 ♊ 51	24 ♋ 31	5 ♍ 17	15 ♎ 57
Aug	25 ♓ 59	6 ♉ 39	17 ♊ 19	27 ♋ 58	8 ♍ 45	19 ♎ 24
Sep	29 ♓ 26	10 ♉ 06	20 ♊ 46	1 ♌ 25	12 ♍ 12	22 ♎ 52
Okt	2 ♈ 47	13 ♉ 27	24 ♊ 06	4 ♌ 46	15 ♍ 32	26 ♎ 12
Nov	6 ♈ 14	16 ♉ 54	27 ♊ 33	8 ♌ 13	19 ♍ 00	29 ♎ 39
Dez	9 ♈ 35	20 ♉ 14	0 ♋ 54	11 ♌ 34	22 ♍ 20	3 ♏ 00

	1990	1991	1992	1993	1994	1995
Jan	6 ♏ 27	17 ♐ 07	27 ♑ 47	8 ♓ 33	19 ♈ 13	29 ♉ 52
Feb	9 ♏ 54	20 ♐ 34	1 ♒ 14	12 ♓ 00	22 ♈ 40	3 ♊ 20
Mär	13 ♏ 01	23 ♐ 41	4 ♒ 28	15 ♓ 07	25 ♈ 47	6 ♊ 27
Apr	16 ♏ 29	27 ♐ 08	7 ♒ 55	18 ♓ 35	29 ♈ 14	9 ♊ 54
Mai	19 ♏ 49	0 ♑ 29	11 ♒ 15	21 ♓ 55	2 ♉ 35	13 ♊ 15
Jun	23 ♏ 16	3 ♑ 56	14 ♒ 43	25 ♓ 22	6 ♉ 02	16 ♊ 42
Jul	26 ♏ 37	7 ♑ 17	18 ♒ 03	28 ♓ 43	9 ♉ 23	20 ♊ 02
Aug	0 ♐ 04	10 ♑ 44	21 ♒ 30	2 ♈ 10	12 ♉ 50	23 ♊ 30
Sep	3 ♐ 31	14 ♑ 11	24 ♒ 58	5 ♈ 37	16 ♉ 17	26 ♊ 57
Okt	6 ♐ 52	17 ♑ 32	28 ♒ 18	8 ♈ 58	19 ♉ 38	0 ♋ 17
Nov	10 ♐ 19	20 ♑ 59	1 ♓ 45	12 ♈ 25	23 ♉ 05	3 ♋ 44
Dez	13 ♐ 40	24 ♑ 19	5 ♓ 06	15 ♈ 46	26 ♉ 25	7 ♋ 05

148

	1996	1997	1998	1999	2000	2001
Jan	10 ♋ 52	21 ♌ 19	1 ♎ 58	12 ♏ 38	23 ♐ 18	4 ♒ 04
Feb	13 ♋ 59	24 ♌ 46	5 ♎ 26	16 ♏ 05	26 ♐ 45	7 ♒ 31
Mär	17 ♋ 13	27 ♌ 53	8 ♎ 33	19 ♏ 12	29 ♐ 59	10 ♒ 39
Apr	20 ♋ 40	1 ♍ 20	12 ♎ 00	22 ♏ 40	3 ♑ 26	14 ♒ 06
Mai	24 ♋ 01	4 ♍ 41	15 ♎ 20	26 ♏ 00	6 ♑ 47	17 ♒ 26
Jun	27 ♋ 28	8 ♍ 08	18 ♎ 48	29 ♏ 27	10 ♑ 14	20 ♒ 54
Jul	0 ♌ 49	11 ♍ 28	22 ♎ 08	2 ♐ 48	13 ♑ 43	24 ♒ 14
Aug	4 ♌ 16	14 ♍ 56	25 ♎ 35	6 ♐ 15	17 ♑ 02	27 ♒ 41
Sep	7 ♌ 43	18 ♍ 23	29 ♎ 03	9 ♐ 42	20 ♑ 29	1 ♓ 09
Okt	11 ♌ 04	21 ♍ 43	2 ♏ 23	13 ♐ 03	23 ♑ 49	4 ♓ 29
Nov	14 ♌ 31	25 ♍ 11	5 ♏ 50	16 ♐ 30	27 ♑ 17	7 ♓ 56
Dez	17 ♌ 51	28 ♍ 31	9 ♏ 11	19 ♐ 51	0 ♒ 374	11 ♓ 17

	2002	2003	2004	2005	2006	2007
Jan	14 ♓ 14	25 ♈ 24	6 ♊ 03	16 ♋ 50	27 ♌ 30	8 ♎ 09
Feb	18 ♓ 11	28 ♈ 51	9 ♊ 31	20 ♋ 17	0 ♍ 57	11 ♎ 37
Mär	21 ♓ 18	1 ♉ 58	12 ♊ 45	23 ♋ 24	4 ♍ 04	14 ♎ 44
Apr	24 ♓ 46	5 ♉ 25	16 ♊ 12	26 ♋ 51	7 ♍ 31	18 ♎ 11
Mai	28 ♓ 06	8 ♉ 46	19 ♊ 32	0 ♌ 12	10 ♍ 52	21 ♎ 31
Jun	1 ♈ 33	12 ♉ 13	22 ♊ 59	3 ♌ 39	14 ♍ 19	24 ♎ 59
Jul	4 ♈ 54	15 ♉ 34	26 ♊ 20	7 ♌ 00	17 ♍ 39	28 ♎ 19
Aug	8 ♈ 21	19 ♉ 01	29 ♊ 47	10 ♌ 27	21 ♍ 07	1 ♏ 46
Sep	11 ♈ 48	22 ♉ 28	3 ♋ 14	13 ♌ 54	24 ♍ 34	5 ♏ 14
Okt	15 ♈ 09	25 ♉ 49	6 ♋ 35	17 ♌ 15	27 ♍ 54	8 ♏ 34
Nov	18 ♈ 36	29 ♉ 16	10 ♋ 02	20 ♌ 42	1 ♎ 22	12 ♏ 01
Dez	21 ♈ 57	2 ♊ 36	13 ♋ 23	24 ♌ 02	4 ♎ 42	15 ♏ 22

	2008	2009	2010	2011	2012	2013
Jan	18 ♏ 49	29 ♐ 36	10 ♒ 15	20 ♓ 55	1 ♉ 35	12 ♊ 21
Feb	22 ♏ 16	3 ♑ 03	13 ♒ 42	24 ♓ 22	5 ♉ 02	15 ♊ 48
Mär	25 ♏ 30	6 ♑ 10	16 ♒ 50	27 ♓ 29	8 ♉ 16	18 ♊ 56
Apr	28 ♏ 57	9 ♑ 37	20 ♒ 15	0 ♈ 57	11 ♉ 43	22 ♊ 23
Mai	2 ♐ 18	12 ♑ 58	23 ♒ 37	4 ♈ 17	15 ♉ 04	25 ♊ 43
Jun	5 ♐ 45	16 ♑ 25	27 ♒ 05	7 ♈ 44	18 ♉ 31	29 ♊ 10
Jul	9 ♐ 06	19 ♑ 45	0 ♓ 25	11 ♈ 05	21 ♉ 51	2 ♋ 31
Aug	12 ♐ 33	23 ♑ 13	3 ♓ 52	14 ♈ 32	25 ♉ 18	5 ♋ 58
Sep	16 ♐ 00	26 ♑ 40	7 ♓ 20	17 ♈ 59	28 ♉ 46	9 ♋ 25
Okt	19 ♐ 21	0 ♒ 00	10 ♓ 40	21 ♈ 20	2 ♊ 06	12 ♋ 46
Nov	22 ♐ 48	3 ♒ 28	14 ♓ 07	24 ♈ 47	5 ♊ 33	16 ♋ 13
Dez	26 ♐ 08	6 ♒ 48	17 ♓ 28	28 ♈ 08	8 ♊ 54	19 ♋ 34

	2014	2015	2016	2017	2018	2019
Jan	23 ♋ 01	3 ♍ 41	14 ♎ 20	25 ♏ 07	5 ♑ 47	16 ♒ 26
Feb	26 ♋ 28	7 ♍ 08	17 ♎ 48	28 ♏ 34	9 ♑ 14	19 ♒ 53
Mär	29 ♋ 35	10 ♍ 15	21 ♎ 01	1 ♐ 41	12 ♑ 21	23 ♒ 01
Apr	3 ♌ 02	13 ♍ 42	24 ♎ 29	5 ♐ 08	15 ♑ 48	26 ♒ 28
Mai	6 ♌ 23	17 ♍ 03	27 ♎ 49	8 ♐ 28	19 ♑ 09	29 ♒ 48
Jun	9 ♌ 50	20 ♍ 03	1 ♏ 16	11 ♐ 56	22 ♑ 36	3 ♓ 16
Jul	13 ♌ 11	23 ♍ 50	4 ♏ 37	15 ♐ 17	25 ♑ 56	6 ♓ 36
Aug	16 ♌ 38	27 ♍ 18	8 ♏ 04	18 ♐ 44	29 ♑ 24	10 ♓ 03
Sep	20 ♌ 05	0 ♎ 45	11 ♏ 31	22 ♐ 11	2 ♒ 51	13 ♓ 31
Okt	23 ♌ 26	4 ♎ 05	14 ♏ 52	25 ♐ 32	6 ♒ 11	16 ♓ 51
Nov	26 ♌ 53	7 ♎ 33	18 ♏ 19	28 ♐ 59	9 ♒ 39	20 ♓ 18
Dez	0 ♍ 13	10 ♎ 53	21 ♏ 40	2 ♑ 19	12 ♒ 59	23 ♓ 39

	2020	2021	2022	2023	2024	2025
Jan	27 ♓ 06	7 ♉ 52	18 ♊ 22	29 ♋ 12	9 ♍ 52	20 ♎ 38
Feb	0 ♈ 33	11 ♉ 20	21 ♊ 59	2 ♌ 39	13 ♍ 19	24 ♎ 05
Mär	3 ♈ 47	14 ♉ 27	25 ♊ 07	5 ♌ 46	16 ♍ 33	27 ♎ 12
Apr	7 ♈ 14	17 ♉ 54	28 ♊ 34	9 ♌ 13	20 ♍ 00	0 ♏ 40
Mai	10 ♈ 35	21 ♉ 15	1 ♋ 54	12 ♌ 34	23 ♍ 20	4 ♏ 00
Jun	14 ♈ 02	24 ♉ 42	5 ♋ 21	16 ♌ 01	26 ♍ 48	7 ♏ 27
Jul	17 ♈ 23	28 ♉ 02	8 ♋ 42	19 ♌ 22	0 ♎ 08	10 ♏ 48
Aug	20 ♈ 50	1 ♊ 29	12 ♋ 09	22 ♌ 46	3 ♎ 35	14 ♏ 15
Sep	24 ♈ 17	4 ♊ 57	15 ♋ 36	26 ♌ 16	7 ♎ 03	17 ♏ 42
Okt	27 ♈ 37	8 ♊ 17	18 ♋ 57	29 ♌ 37	10 ♎ 23	21 ♏ 03
Nov	1 ♉ 05	11 ♊ 44	22 ♋ 24	3 ♍ 04	13 ♎ 50	24 ♏ 30
Dez	4 ♉ 25	15 ♊ 05	25 ♋ 45	6 ♍ 24	17 ♎ 11	27 ♏ 51

	2026	2027	2028	2029	2030	2031
Jan	1 ♐ 18	11 ♑ 58	22 ♒ 37	3 ♈ 24	14 ♉ 03	24 ♊ 43
Feb	4 ♐ 45	15 ♑ 25	26 ♒ 04	6 ♈ 51	17 ♉ 31	28 ♊ 10
Mär	7 ♐ 52	18 ♑ 32	29 ♒ 18	9 ♈ 58	20 ♉ 38	1 ♋ 18
Apr	11 ♐ 19	21 ♑ 59	2 ♓ 46	13 ♈ 25	24 ♉ 05	4 ♋ 45
Mai	14 ♐ 40	25 ♑ 20	6 ♓ 06	16 ♈ 46	27 ♉ 26	8 ♋ 05
Jun	18 ♐ 07	28 ♑ 47	9 ♓ 33	20 ♈ 13	0 ♊ 53	11 ♋ 32
Jul	21 ♐ 28	2 ♒ 07	12 ♓ 54	23 ♈ 34	4 ♊ 13	14 ♋ 53
Aug	24 ♐ 55	5 ♒ 35	16 ♓ 21	27 ♈ 01	7 ♊ 40	18 ♋ 20
Sep	28 ♐ 22	9 ♒ 02	19 ♓ 48	0 ♉ 28	11 ♊ 08	21 ♋ 47
Okt	1 ♑ 43	12 ♒ 22	23 ♓ 09	3 ♉ 48	14 ♊ 28	25 ♋ 08
Nov	5 ♑ 10	15 ♒ 50	26 ♓ 36	7 ♉ 16	17 ♊ 55	28 ♋ 35
Dez	8 ♑ 30	19 ♒ 10	29 ♓ 56	10 ♉ 36	21 ♊ 16	1 ♌ 56

	2032	2033	2034	2035	2036	2037
Jan	5 ♌ 23	16 ♍ 09	26 ♎ 49	7 ♐ 29	18 ♑ 08	28 ♒ 55
Feb	8 ♌ 50	19 ♍ 36	0 ♏ 16	10 ♐ 56	21 ♑ 36	2 ♓ 22
Mär	12 ♌ 04	22 ♍ 22	3 ♏ 23	14 ♐ 03	24 ♑ 50	5 ♓ 29
Apr	15 ♌ 31	26 ♍ 11	6 ♏ 51	17 ♐ 30	28 ♑ 17	8 ♓ 56
Mai	18 ♌ 52	29 ♍ 31	10 ♏ 11	20 ♐ 51	1 ♒ 37	12 ♓ 17
Jun	22 ♌ 19	2 ♎ 59	13 ♏ 38	24 ♐ 18	5 ♒ 04	15 ♓ 44
Jul	25 ♌ 39	6 ♎ 19	16 ♏ 59	27 ♐ 39	8 ♒ 25	19 ♓ 05
Aug	29 ♌ 07	9 ♎ 46	20 ♏ 26	1 ♑ 06	11 ♒ 52	22 ♓ 32
Sep	2 ♍ 34	13 ♎ 14	23 ♏ 53	4 ♑ 33	15 ♒ 19	25 ♓ 59
Okt	5 ♍ 54	16 ♎ 34	27 ♏ 14	7 ♑ 54	18 ♒ 40	29 ♓ 20
Nov	9 ♍ 22	20 ♎ 01	0 ♐ 41	11 ♑ 21	22 ♒ 07	2 ♈ 47
Dez	12 ♍ 42	23 ♎ 22	4 ♐ 02	14 ♑ 41	25 ♒ 28	6 ♈ 07

	2038	2039	2040	2041	2042	2043
Jan	9 ♈ 35	20 ♉ 14	0 ♋ 54	11 ♌ 41	22 ♍ 20	3 ♏ 00
Feb	13 ♈ 02	23 ♉ 42	4 ♋ 21	15 ♌ 08	25 ♍ 47	6 ♏ 27
Mär	16 ♈ 09	26 ♉ 49	7 ♋ 35	18 ♌ 15	28 ♍ 55	9 ♏ 34
Apr	19 ♈ 36	0 ♊ 16	11 ♋ 02	21 ♌ 42	2 ♎ 22	13 ♏ 02
Mai	22 ♈ 57	3 ♊ 36	14 ♋ 23	25 ♌ 03	5 ♎ 42	16 ♏ 22
Jun	26 ♈ 24	7 ♊ 04	17 ♋ 50	28 ♌ 30	9 ♎ 10	19 ♏ 49
Jul	29 ♈ 44	10 ♊ 24	21 ♋ 11	1 ♍ 50	12 ♎ 30	23 ♏ 10
Aug	3 ♉ 12	13 ♊ 51	24 ♋ 38	5 ♍ 18	15 ♎ 57	26 ♏ 37
Sep	6 ♉ 39	17 ♊ 19	28 ♋ 05	8 ♍ 45	19 ♎ 25	0 ♐ 04
Okt	9 ♉ 59	20 ♊ 39	1 ♌ 26	12 ♍ 05	22 ♎ 45	3 ♐ 25
Nov	13 ♉ 27	24 ♊ 06	4 ♌ 53	15 ♍ 33	26 ♎ 12	6 ♐ 52
Dez	16 ♉ 47	27 ♊ 27	8 ♌ 13	18 ♍ 53	29 ♎ 33	10 ♐ 13

	2044	2045	2046	2047	2048	2049
Jan	13 ♐ 40	24 ♑ 26	5 ♓ 06	15 ♈ 46	26 ♉ 25	7 ♋ 12
Feb	17 ♐ 07	27 ♑ 53	8 ♓ 33	19 ♈ 13	29 ♉ 53	10 ♋ 39
Mär	20 ♐ 21	1 ♒ 00	11 ♓ 40	22 ♈ 20	3 ♊ 06	13 ♋ 46
Apr	23 ♐ 48	4 ♒ 28	15 ♓ 07	25 ♈ 47	6 ♊ 36	17 ♋ 13
Mai	27 ♐ 08	7 ♒ 48	18 ♓ 28	29 ♈ 08	9 ♊ 54	20 ♋ 34
Jun	0 ♑ 36	11 ♒ 15	21 ♓ 55	2 ♉ 35	13 ♊ 21	24 ♋ 01
Jul	3 ♑ 56	14 ♒ 36	25 ♓ 16	5 ♉ 55	16 ♊ 42	27 ♋ 22
Aug	7 ♑ 23	18 ♒ 03	28 ♓ 43	9 ♉ 23	20 ♊ 09	0 ♌ 49
Sep	10 ♑ 51	21 ♒ 30	2 ♈ 10	12 ♉ 50	23 ♊ 36	4 ♌ 16
Okt	14 ♑ 11	24 ♒ 51	5 ♈ 31	16 ♉ 10	26 ♊ 57	7 ♌ 37
Nov	17 ♑ 38	28 ♒ 18	8 ♈ 58	19 ♉ 38	0 ♋ 24	11 ♌ 04
Dez	20 ♑ 59	1 ♓ 39	12 ♈ 18	22 ♉ 58	3 ♋ 45	14 ♌ 24

Nachwort

Vor sechs Jahren, als die erste Auflage dieses Buches erschien, wußten wir noch sehr wenig über das Prinzip Liliths in der Astrologie. In der Zeit, als ich die Forschungen zu diesem Buch gemacht habe, konnte ich nur anhand von italienischer Literatur arbeiten und aus eigenen Beobachtungen lernen. Das vorliegende Buch war damals als eine Einführung in die Thematik des Schwarzen Mondes gedacht.

Nachdem es erschienen war, habe ich viele Briefe von Leserinnen und Lesern erhalten, die mir über ihre Erfahrungen mit dem Schwarzen Mond berichteten. Dadurch habe ich sehr viele eindrucksvolle Schilderungen sammeln können, die mir in dem Verständnis dieses Prinzips sehr geholfen haben. Viele Klienten haben mir in meiner Praxis ihre Lebenserfahrungen anvertraut, so daß sich in mir das Bild der astrologischen Entsprechung von Lilith vervollständigen konnte.

Lilith trägt trotz ihrer Düsterkeit zugleich auch ein höchst kreatives Potential in sich. Dieses astrologische Prinzip, ebenso wie alle anderen Kräfte, die in dem Horoskop mitwirken, besitzt nicht nur eine dunkle Seite, die gefürchtet ist und als unheilbringend gilt. Die Erfahrungen, die wir in der Begegnung mit Lilith machen, sind oft mit Schmerz, Wut, Trauer, Verweigerung, Abschiednehmen und Trennung verbunden. Aber auch diese Erlebnisebene gehört zu unserem menschlichen Dasein. Wir alle fürchten uns vor solchen Konfrontationen und versuchen aus Angst vor dem Schmerz, Entscheidungen zu vermeiden, die oft notwendig sind für die Entwicklung unseres wahren Wesens. Die Konfrontation mit den Schattenthemen der Existenz zwingt uns, sie anzunehmen und zu verstehen. Dennoch ergeben sich im Leben manche Situationen, deren Sinn sich unserem menschlichen Verstand nicht erschließt. Auch schicksalhafte Ereignisse stehen oft unter dem Einfluß des Schwarzen Mondes.

Lilith ist auch das Licht, das wir am Ende eines Tunnels wieder erblicken können. Nachdem wir eine schwere Krise durchgemacht und überwunden haben, ist uns meist bewußt, wie viel aufbauende Energie in uns verborgen war. Oft können wir echte Freude richtig erfahren, nachdem wir uns von Situationen gelöst haben, die uns in der Vergangenheit viel Schmerzen, Erniedrigung oder Sorgen gekostet haben, oder uns sogar physisch und psychisch krank gemacht haben. Sehr oft konfrontiert uns Lilith mit Angst und Schmerz, bietet uns jedoch gleichzeitig immer eine Chance. Manche Erfahrungen unter den Transiten des Schwarzen Mondes führen uns dazu, unsere festgefahrenen Vorstellungen über Liebe, Partnerschaft, Mutterliebe, Sexualität, Freundschaft und Familienleben anders zu definieren und neu zu formulieren. Lebenslügen werden durch die Transite des Schwarzen Mondes zerstört, wir machen uns nichts mehr vor und sind gezwungen, die Dinge so zu sehen, wie sie in Wirklichkeit sind. In dem Moment, indem wir unsere Wirklichkeit erkennen und für sie kämpfen, haben wir uns innerlich befreit. Als Beispiel soll die Geschichte von einer mutigen Frau dienen, der Schriftstellerin Khalida Massuadi, die von der Fatwa in ihrem Land zum Tod verurteilt wurde, weil sie Lehrerin und Feministin ist. Sie lebt versteckt im Exil, wie viele andere Künstler aus ihrem Land. Ihr Leben ist gefährdet, und dennoch hört sie nicht auf zu kämpfen. Sie reist durch die Welt, um über die schreckliche Lage der Frauen und der Dissidenten in Algerien zu berichten. Kahlida erlebt ihr Exil als Aufforderung weiterzumachen. Auf die Frage eines Journalisten antwortete sie: »Ich habe Angst vor dem Tod, aber wenn man sich von der

Angst beherrschen läßt, ist man am Ende. Jeden Tag suche ich mir einen Grund, um die Angst zu besiegen. Seit zwei Jahren lebe ich so. Der glücklichste Moment meines Tagesablaufs ist der, wenn ich lebend und unverletzt an meinem Bestimmungsort ankomme.«

Auch wenn die meisten von uns kein Schicksal wie das von Kahlida Massuadi erleben, können wir trotzdem unser tägliches Leben nach dem Prinzip von Lilith gestalten. Immer wenn wir die Kraft finden, sollten wir uns kämpferisch für unser Leben und für die Dinge, die uns zustehen, einsetzen, egal ob es sich dabei um ein eigenes, lebensnotwendiges Recht oder eine kleine Freude handelt. Wichtig ist dabei, daß wir den Mut dazu finden, hartnäckig unseren Weg nach unserer eigenen Vorstellung zu gestalten, auch wenn wir dabei Enttäuschung, Schmerz oder Widerstand nicht vermeiden können.

Wenn wir uns unserer Existenz bewußt werden und dafür Verantwortung übernehmen, wenn wir unserem Wesen gemäß leben, dann entwickelt sich in uns die helle Seite des Archetypus des Schwarzen Mondes. Lilith hat das Paradies verloren, aber ihre Freiheit gefunden. Der Preis, den sie für diese Unabhängigkeit zahlen mußte war die Einsamkeit und die Isolierung. Es ist jedoch oft eine Folge des Alleinseins, daß wir Klarheit und inneren Frieden finden. Nur die Angst vor dem Unbekannten läßt uns lebenswichtige Erfahrungen vermeiden. Diese Furcht blockiert uns und läßt uns meist faule Kompromisse eingehen, wobei in diesem Zustand Selbstfindung und Selbstbestimmung oft versäumt oder verhindert werden.

Standardwerke der Astrologie

Lilith im Transit

Der Schwarze Mond im Alltag
152 Seiten, Broschur
ISBN 3-925100-51-2

Lilith trägt trotz ihrer Düsterheit zugleich auch ein höchst kreatives Potential in sich. Dies tritt besonders durch die Transite zum Vorschein, vor allem wenn langsame Planeten beteiligt sind. Der Schwarze Mond aktiviert dabei wichtige Lebensprozesse, die uns mit der Befreiung von unechten Verhaltensweisen konfrontieren. Lilith stellt den ursprünglichsten Teil unserer Persönlichkeit dar, sie verkörpert unsere Authentizität. Durch ihre Transite lässt sie uns unseren wahren Kern erkennen. Die Autorin erforscht seit vielen Jahren das astrologische Prinzip Lilith und ist die Wegbereiterin für deren Betrachtung im deutschsprachigen Raum. Mit diesem Buch liegt nun erstmalig eine umfassende Darstellung der Transite des Schwarzen Mondes vor. Es werden alle Transite Liliths zu den Planeten beschrieben sowie die Übergänge der langsamen Planeten über den Schwarzen Mond. Außerdem wird der Transit Liliths durch die einzelnen Häuser und über die Hauptachsen gedeutet. Durch die Gefühle, die uns diese Transite vermitteln, werden wir die Fassade, hinter der wir uns verstellen, nicht mehr brauchen und lernen, mit unseren Mängeln umzugehen.

Ein anregendes Leseerlebnis, das uns mehr als ahnen lässt, welche Zwänge wir endlich ablegen müssen, um wir selbst sein zu können. Ein Buch, das uns Mut einflößt, die Dinge anzupacken und zu verändern.

Meridian

CHIRON VERLAG

Standardwerke der Astrologie

LIANELLA LIVALDI LAUN
Jahresthemen im Horoskop
Das Solar in sieben Schritten
112 Seiten, 32 Abbildungen
ISBN 3-925100-25-3

Dieses Buch gibt dem Anfänger einen leicht nachvollziehbaren Einstieg in die Solartechnik und eröffnet dem Astrologen neue Ansätze für die Arbeit mit dem Jahreshoroskop. Die Frage nach den zukünftigen Trends spielt in der Astrologie immer eine große Rolle. Neben der Beobachtung der Transite kommt dabei dem Solarhoroskop ganz besondere Bedeutung zu. Ein Solar wird auf den jeweiligen Geburtstag berechnet und ermöglicht die prognostische Vorschau auf das kommende Jahr.

Die Autorin arbeitet seit vielen Jahren erfolgreich mit dieser Methode und gibt einen Einblick in die praktische Handhabung der Technik. Sie führt den Leser in sieben Schritten an die Deutung des Solars heran. Anhand zahlreicher Beispiele ermöglicht sie dem Leser die Ausarbeitung der Jahresthemen und berücksichtigt dabei auch die neuen Faktoren Chiron und Lilith.

Einmalig ist ihre Einführung der Solartechnik in die Partnerschaftsastrologie. Dabei gelangt sie zu ganz neuen und für das wechselseitige Miteinander sehr fruchtbaren Ergebnissen.

Alles in allem ein Buch, das als Basislektüre von Anfängern in Prognosetechniken, als auch als Anregungsmaterial von fortgeschrittenen und beratend tätigen Astrologen gelesen werden kann.

Meridian

Hinter dem Titel verbirgt sich ein lesenswertes, informatives Büchlein – und endlich mal eine Schrift, die sich konzentriert mit Solaren als praktikable Prognosevehikel beschäftigt.

mercur

CHIRON VERLAG

Standardwerke der Astrologie

LIANELLA LIVALDI LAUN

Liebe und Eifersucht

Astrologie in Beziehungsfragen
150 Seiten, 30 Abbildungen
Broschur
ISBN 3-925100-29-6

So schön das Gefühl der Liebe sein kann, so quälend ist ihr Gegenpart – die Eifersucht. Denn wo sich die Pfade von Liebe und Eifersucht kreuzen, entsteht oftmals ein Mangel an Selbstwert mit zerstörerischen Qualitäten. Lianella Livaldi Laun, die seit vielen Jahren in der Partnerberatung tätig ist, legt aber nicht nur den dunklen Aspekt dieses verachteten Gefühls offen. Sie zeigt vielmehr, dass diese Emotion durchaus einen berechtigten Platz in einer Liebesbeziehung einnehmen kann.

Betrachten wir die Eifersucht auf astrologischer Ebene, so finden wir Konstellationen, die uns aufzeigen, dass das Urvertrauen meist schon in der Kindheit zerstört wurde, z.B. durch Rivalität zwischen Geschwistern oder wenn ein Kind zwischen den Elternteilen steht. Es werden Fälle von provozierter Eifersucht sowie symbiotische Beziehungen vorgestellt. Ebenso kommt die Rolle der Eifersucht in komplizierten Dreiecksbeziehungen und ihre Auswirkungen bei starker Hassliebe zur Sprache. Die Autorin greift dabei auf Fälle aus ihrer Beratungspraxis zurück, die oft so unglaublich sind, dass sie nur das Leben schreiben kann.

Neben der Betrachtung der jeweils astrologischen Hintergründe für diese Beziehungsfragen, zeigt sie aber immer einen Weg, wie man die Eifersucht kreativ ausleben kann, um wieder zu echter Liebe zurückzufinden. Denn wenn die Betroffenen die Botschaft der Eifersucht entschlüsseln, können sie damit ihre Partnerschaft verbessern, wenn nicht gar retten.

Ein unentbehrliches Buch für alle, welche die Prozesse von Liebe und Eifersucht besser verstehen wollen.

Meridian

CHIRON VERLAG

Standardwerke der Astrologie

LIANELLA LIVALDI LAUN
Lilith in der Partnerschaft

Selbstverwirklichung durch den Schwarzen Mond
150 Seiten, 33 Abbildungen, Broschur
ISBN 3-925100-72-5

Lilith steht für das Besondere in einer Beziehung. Sie beeinflusst uns mit einer sehr unberechenbaren Energie, die sich von einem Extrem zum anderen manifestieren kann. Sie vermag manchmal destruktive Auswirkungen haben, uns andererseits aber genauso aus schwierigen Verstrickungen befreien.

Das Drama ist ein Thema, das Lilith zugehört, weil Menschen mit einer starken Lilithbetonung sich in Bezug auf Partnerschaft nach intensiven Erfahrungen sehnen. Lilith spielt auch eine große Rolle bei Beziehungen, die aus den Normen fallen, wie z.B. Beziehungen von homosexuellen Paaren, zwischen Partnern mit einem großen Altersunterschied oder zwischen Personen aus sehr unterschiedlichen kulturellen Gesellschaften. Auch Partnerschaften auf Distanz sind eine Lilith-Entsprechung, denn dadurch werden die Partner vor der gefährlichen Nähe verschont. Es gehört nicht zu der Natur von Lilith, große Opfer für die Partnerschaft und für die anderen aufzubringen, und erst recht nicht, wenn sie sich dazu gezwungen fühlt.

Die Autorin verfügt über eine jahrelange Erfahrung als Beziehungsberaterin. Sie beleuchtet alle Gesichtspunkte einer Partnerschaft mit dem Lilith-Prinzip. Sie zeigt, welche Funktion dies für das eigene Erleben einer Beziehung im Leben einer Frau oder eines Mannes spielt. Neben diesen ausführlichen Deutungen für das Geburtshoroskop bespricht sie Lilith auch im Partnervergleich, im Composit und im Begegnungshoroskop und macht ihre Erkenntnise durch viele Beispiele aus dem Leben anschaulich.

CHIRON VERLAG